Impressum
Verlag: BABADADA GmbH, Nedderfeld 112 , 22529 Hamburg
Geschäftsführer / Verlagsleitung: Harald Hof
Druck: Books on Demand GmbH, In de Tarpen 42, 22848 Norderstedt

Imprint
Publisher: BABADADA GmbH, Nedderfeld 112 , 22529 Hamburg, Germany
Managing Director / Publishing direction: Harald Hof
Print: Books on Demand GmbH, In de Tarpen 42, 22848 Norderstedt

d Schuel
σχολείο

s Klassezimmer
σχολική τάξη
dividiere
διαιρώ
186/2
d Taflä
πίνακας
dr Pauseplatz
σχολική αυλή
dr Lehrer
δάσκαλος
s Papier
χαρτί
schribe
γράφω
dr Stift
στυλό
dr Schribtisch
γραφείο
s Lineal
χάρακας
s Buech
βιβλίο
d Schüeler
μαθητής

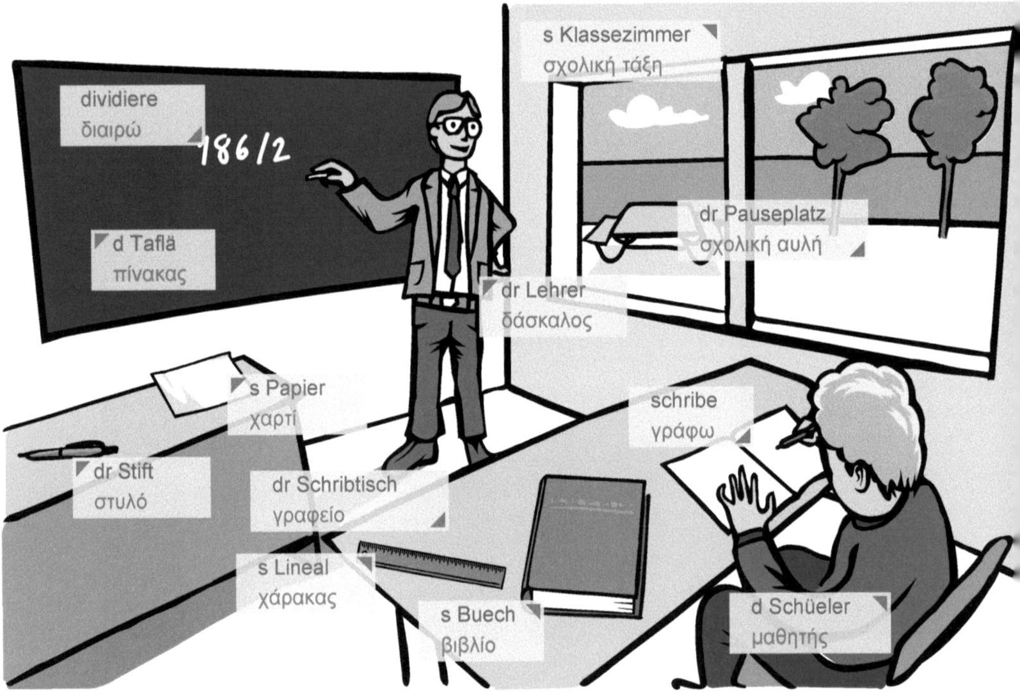

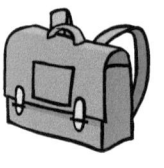

dr Thek
σχολική τσάντα

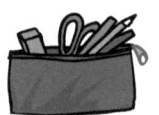

s Etui
κασετίνα/ μολυβοθήκη

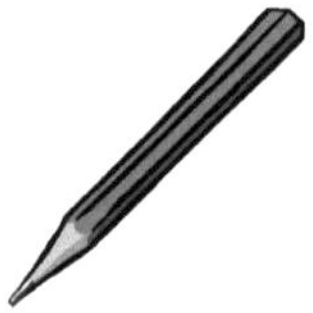

dr Bleistift
μολύβι

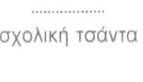

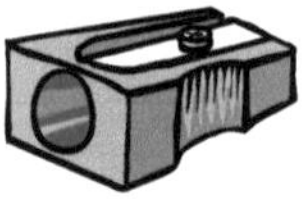

dr Spitzer
ξύστρα

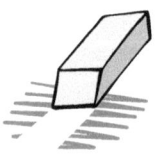

s Radiergummi
γόμα

dr Zeicheblock
μπλοκ ζωγραφικής

d Zeichnig

ζωγραφική

dr Pinsel

πινέλο

dr Malchaschte

κουτί χρωμάτων

d Schär

ψαλίδι

dr Liim

κόλλα

s Üebigsheft

τετράδιο ασκήσεων

d Huusufgabe

εργασία για το σπίτι

d Zahl

αριθμός

addiere

προσθέτω

subtrahiere

αφαιρώ

multipliziere

πολλαπλασιάζω

rächne

υπολογίζω

dr Buechstabe

γράμμα

s Alphabet

αλφάβητο

s Wort

λέξη

dr Text

κείμενο

läse

διαβάζω

d Kriide

κιμωλία

d Lektion

μάθημα

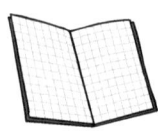

s Klassäbuech

εγγράφομαι

d Prüefig

τεστ

s Zügnis

πιστοποιητικό

d Schueluniform

μαθητική στολή

d Usbildig

εκπαίδευση

d Enzyklopädie

εγκυκλοπαίδεια

d Universität

πανεπιστήμιο

s Mikroskop

μικροσκόπιο

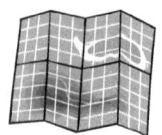

d Charte

χάρτης

dr Papierchorb

καλάθι αχρήστων

d Reis
ταξίδι

s Hotel
ξενοδοχείο
Grand
d Härbärg
ξενώνας
ROOMS
EXCHANGE
d Wächselstube
ανταλλακτήρια συναλλάγματος
dr Koffer
βαλίτσα
s Auto
αυτοκίνητο

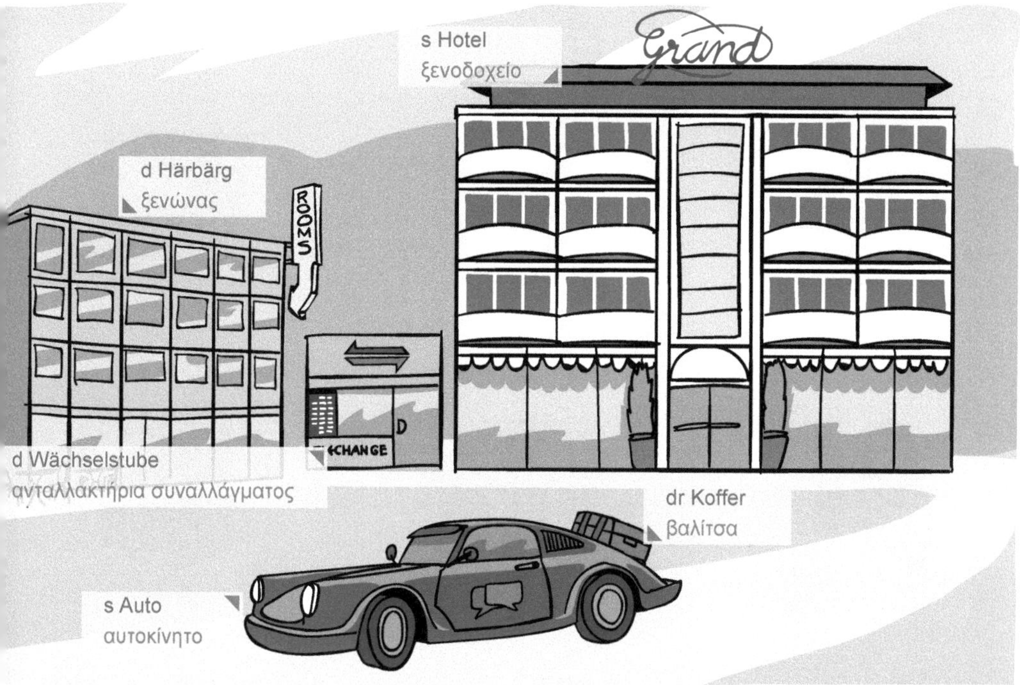

d Sprach

γλώσσα

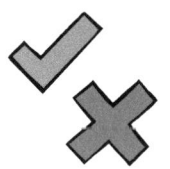

jo / nei

ναι / όχι

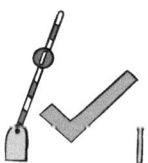

okay

εντάξει

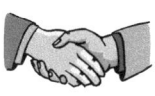

Hallo

γεια σου

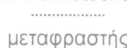

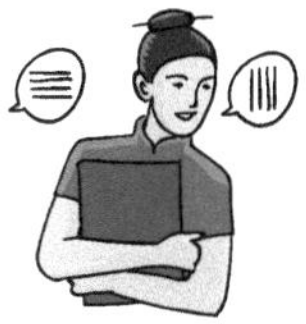

dr Dolmetscher

μεταφραστής

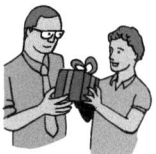

Dankä

Ευχαριστώ

Was chostet...?

πόσο κάνει ;

Ich vrstahs nöd

Δε καταλαβαίνω

s Problem

πρόβλημα

Guete Abig!

Καλησπέρα!

guete Morgä!

Καλημέρα!

guete Abig!

Καληνύχτα!

Uf Wiederseh

Αντίο

d Richtig

κατεύθυνση

s Bagaasch

αποσκευές

d Täsche

τσάντα

dr Rucksack

σακίδιο πλάτης

dr Gast

καλεσμένος

dr Ruum

δωμάτιο

dr Schlafsack

υπνόσακος

s Zält

σκηνή

d Touristeninformation

τουριστικές πληροφορίες

dr Strand

παραλία

d Kreditkarte

πιστωτική κάρτα

s Zmorge

πρωινό

s Zmittag

μεσημεριανό

s Znacht

δείπνο

s Billet

εισιτήριο

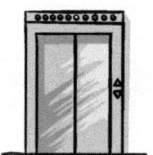

dr Ufzug

ανελκυστήρας

d Briefmarke

γραμματόσημο

d Gränze

σύνορα

dr Zoll

τελωνείο

d Botschaft

πρεσβεία

s Visum

βίζα

dr Pass

διαβατήριο

dr Transport
μεταφορά

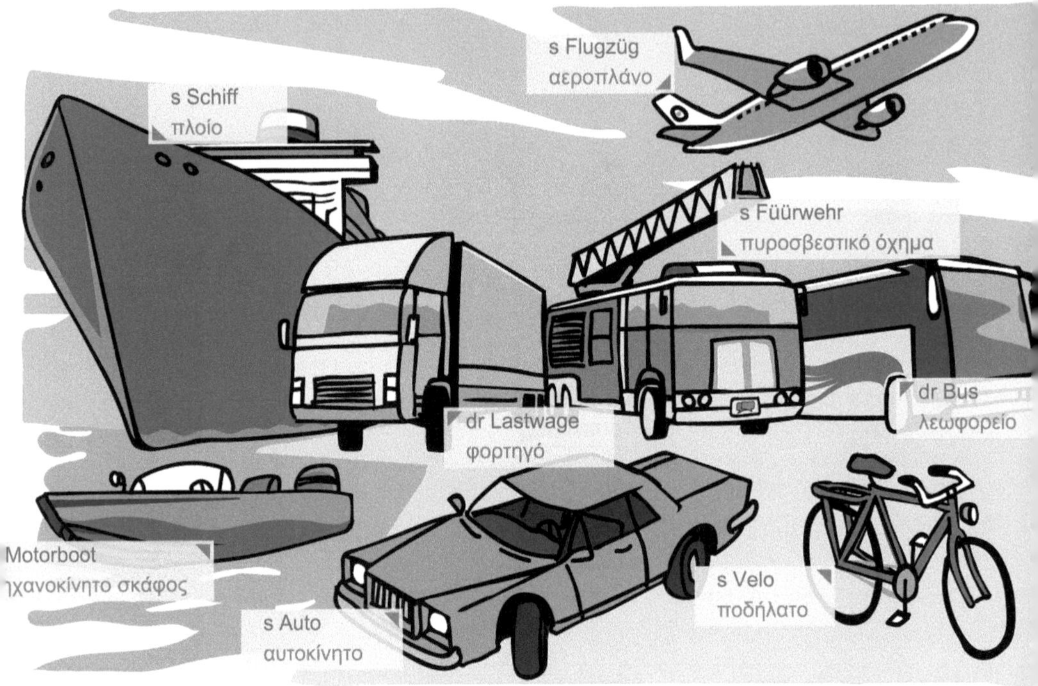

s Flugzüg
αεροπλάνο
s Schiff
πλοίο
s Füürwehr
πυροσβεστικό όχημα
dr Lastwage
φορτηγό
dr Bus
λεωφορείο
Motorboot
ηχανοκίνητο σκάφος
s Auto
αυτοκίνητο
s Velo
ποδήλατο

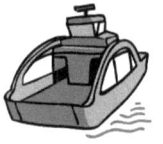

d Fähri

φεριμπότ

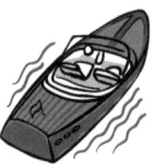

s Boot

βάρκα

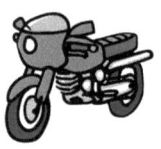

s Töff

μοτοσικλέτα

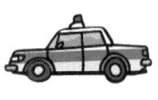

s Polizeiauto

περιπολικό

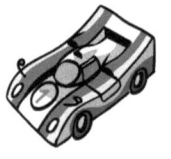

s Rännauto

αγωνιστικό αυτοκίνητο

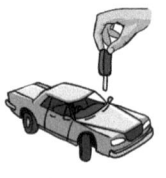

dr Mietwage

ενοικιαζόμενο αυτοκίνητο

s Carsharing

διαμοιρασμός αυτοκινήτων

dr Abschleppwage

γερανός

dr Chübelwage

απορριμματοφόρο

dr Motor

κινητήρας

s Benzin

καύσιμο

d Tankstell

βενζινάδικο

s Verkehrsschild

πινακίδα σήμανσης

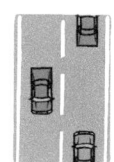

dr Verchehr

κυκλοφορία

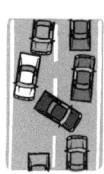

dr Stau

κυκλοφοριακή συμφόρηση

dr Parkplatz

χώρος στάθμευσης

dr Bahnhof

σιδηροδρομικός σταθμός

d Schiene

σιδηροδρομικές γραμμές

dr Zug

τρένο

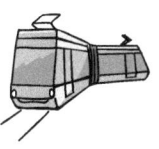

d Strassebahn

τραμ

dr Wagon

βαγόνι

dr Helikopter
ελικόπτερο

dr Flughafe
αεροδρόμιο

dr Tower
πύργος

dr Passagier
επιβάτης

dr Container
εμπορευματοκιβώτιο

dr Karton
χαρτοκιβώτιο

dr Chare
καρότσι

dr Korb
καλάθι

starte / lande
απογειώνομαι /
προσγειόνομαι

d Stadt
πόλη

s Dorf
χωριό

s Stadtzentrum
κέντρο της πόλης

s Huus
σπίτι

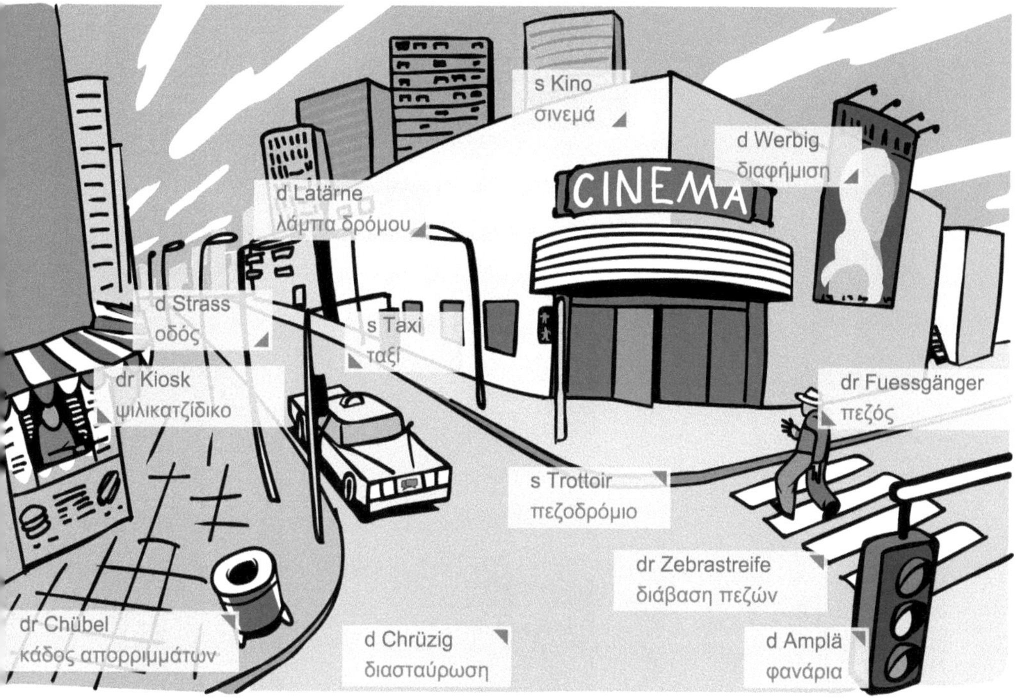

s Kino
σινεμά
CINEMA
d Werbig
διαφήμιση
d Latärne
λάμπα δρόμου
d Strass
οδός
s Taxi
ταξί
dr Kiosk
ψιλικατζίδικο
dr Fuessgänger
πεζός
s Trottoir
πεζοδρόμιο
dr Zebrastreife
διάβαση πεζών
dr Chübel
κάδος απορριμμάτων
d Chrüzig
διασταύρωση
d Amplä
φανάρια

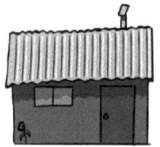

d Hütte

καλύβα

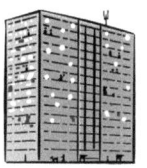

d Wohnig

διαμέρισμα

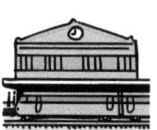

dr Bahnhof

σιδηροδρομικός σταθμός

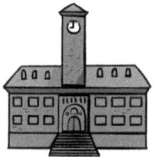

s Gmeindshuus

δημαρχείο

MUSEUM

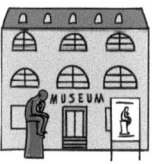

s Museum

μουσείο

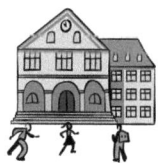

d Schuel

σχολείο

d Universität
πανεπιστήμιο

d Bank
τράπεζα

s Spital
νοσοκομείο

s Hotel
ξενοδοχείο

d Apotheke
φαρμακείο

s Büro
γραφείο

s Buechgschäft
βιβλιοπωλείο

s Gschäft
κατάστημα

dr Bluemelade
ανθοπωλείο

dr Läbensmittellade
σούπερ μάρκετ

dr Märt
αγορά

s Chaufhuus
πολυκατάστημα

dr Fischhändler
ιχθυοπωλείο

s Iihkaufszentrum
εμπορικό κέντρο

dr Hafe
λιμάνι

dr Park

πάρκο

d Bank

παγκάκι

d Brugg

γέφυρα

d Stäge

σκάλες

d U-Bahn

μετρό

dr Tunnell

τούνελ

d Bushaltestell

στάση λεωφορείου

d Bar

μπαρ

s Restaurant

εστιατόριο

dr Briefchastä

γραμματοκιβώτιο

s Strasseschild

πινακίδα δρόμου

d Parkuhr

παρκόμετρο

dr Zolli

ζωολογικός κήπος

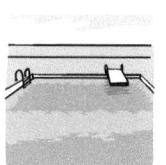

d Badi

πισίνα

d Moschee

τζαμί

dr Buurehof

αγρόκτημα

d Umwältvrschmutzig

ρύπανση

dr Fridhof

νεκροταφείο

d Chile

εκκλησία

dr Spielplatz

παιδική χαρά

dr Tämpel

ναός

d Landschaft

τοπίο

s Blatt
φύλλο

dr Wägwiiser
πινακίδα κατεύθυνσης

dr Wäg
δρόμος

d Wise
λιβάδι

dr Stei
πέτρα

dr Wanderer
πεζοπόρος

dr Baum
δέντρο

dr Fluss
ποτάμι

s Gras
χορτάρι

d Bluamä
λουλούδι

s Tal
κοιλάδα

dr Bärg
λόφος

dr See
λίμνη

dr Wald
δάσος

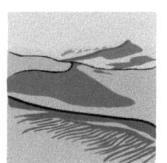

d Wüeschti
έρημος

dr Vulkan
ηφαίστειο

s Schloss
κάστρο

dr Rägeboge
ουράνιο τόξο

dr Pilz
μανιτάρι

d Palme
φοίνικας

dr Moskito
κουνούπι

d Fliege
μύγα

d Ameise
μυρμήγκι

s Biendli
μέλισσα

d Spinne
αράχνη

dr Chäfer

σκαθάρι

dr Frosch

βάτραχος

s Eichhörnli

σκίουρος

dr Igel

σκαντζόχοιρος

dr Haas

λαγός

d Üle

κουκουβάγια

d Vogu

πουλί

dr Schwan

κύκνος

s Wildschwein

αγριογούρουνο

dr Hirsch

ελάφι

dr Elch

άλκη

dr Damm

φράγμα

d Windturbine

ανεμογεννήτρια

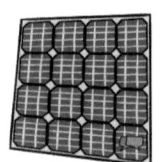

dr Sunnekollektor

ηλιακός συλλέκτης

s Klima

κλίμα

s Restaurant
εστιατόριο

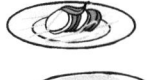

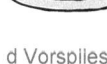

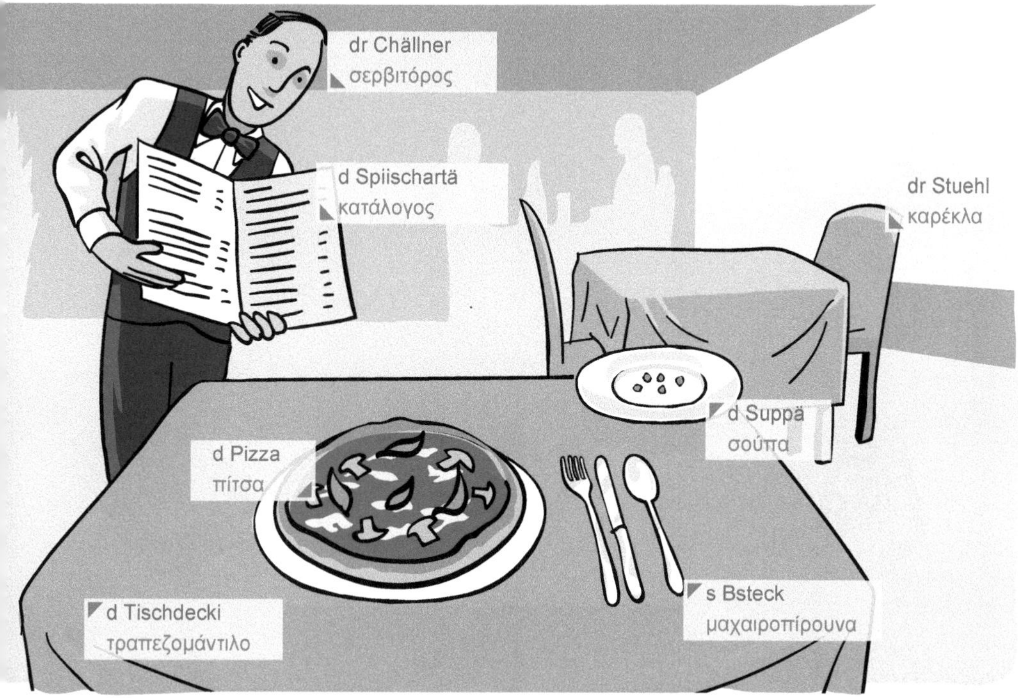

dr Chällner
σερβιτόρος
d Spiischartä
κατάλογος
dr Stuehl
καρέκλα
d Suppä
σούπα
d Pizza
πίτσα
s Bsteck
μαχαιροπίρουνα
d Tischdecki
τραπεζομάντιλο

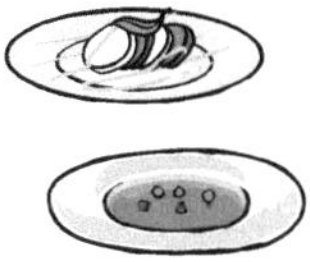

d Vorspiies
....
ορεκτικό

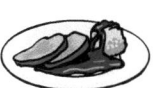

s Hauptgricht
....
κύριο πιάτο

s Dessert
....
επιδόρπιο

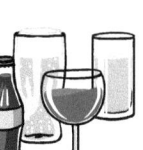

s Getränk
....
ποτά

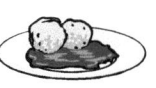

d Läbensmittel
....
φαγητό

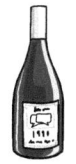

d Fläsche
....
μπουκάλι

s Fast Food

φαστ φουντ

s Street Food

φαγητό στ' όρθιο

d Teechanne

τσαγιέρα

d Zuckerdosä

δοχείο ζάχαρης

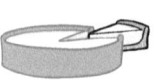

d Portion

μερίδα

d Espressomaschine

μηχανή εσπρέσο

dr Hochstuehl

ψηλή καρέκλα

d Rächnig

λογαριασμός

s Tablett

δίσκος

s Mässer

μαχαίρι

d Gable

πιρούνι

dr Löffel

κουτάλι

dr Teelöffel

κουταλάκι του τσαγιού

d Serviette

πετσέτα φαγητού

s Glas

ποτήρι

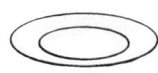

dr Täller

πιάτο

dr Suppetällär

πιάτο σούπας

d Untertasse

πιατάκι φλιτζανιού

d Sose

σάλτσα

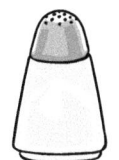

dr Salzstreuer

αλατιέρα

d Pfäffermühli

μύλος για πιπέρι

dr Essig

ξύδι

s Öl

λάδι

d Gwürz

μπαχαρικά

ds Ketchup

κέτσαπ

dr Sänf

μουστάρδα

d Mayonnaise

μαγιονέζα

dr Läbensmittellade

σούπερ μάρκετ

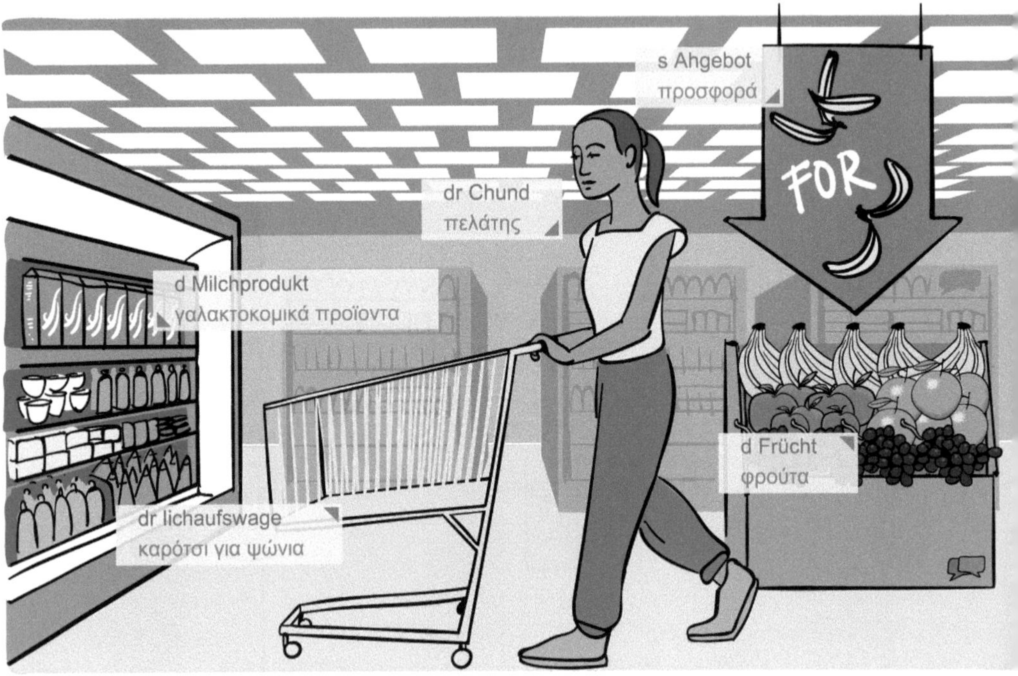

s Ahgebot
προσφορά
FOR
dr Chund
πελάτης
d Milchprodukt
γαλακτοκομικά προϊόντα
d Frücht
φρούτα
dr Iichaufswage
καρότσι για ψώνια

BUTCHERS

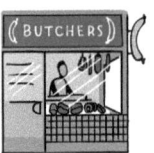

dr Schlachter

κρεοπωλείο

BAKERY

dr Beck

φούρνος

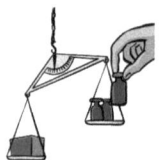

wiege

ζυγίζω

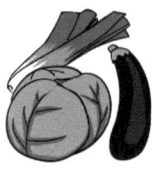

s Gmües

λαχανικά

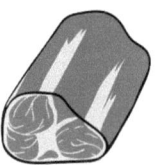

s Fleisch

κρέας

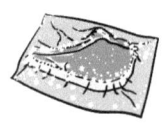

d Tiefkühlprodukt

κατεψυγμένα τρόφιμα

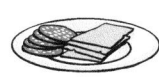

dr Ufschnitt

αλλαντικά

d Konsärve

κονσερβοποιημένη τροφή

s Wöschmittel

απορρυπαντικό ρούχων

d Süessigkeite

γλυκά

d Huushaltartikel

οικιακά είδη

s Putzmittel

καθαριστικά προϊόντα

d Verchäuferin

πωλήτρια

d Kassä

ταμείο

dr Kassierer

ταμίας

d Ihchaufsliste

λίστα για ψώνια

d Offnigszite

ωράριο λειτουργίας

s Portemonnaie

πορτοφόλι

d Kreditkarte

πιστωτική κάρτα

d Täsche

τσάντα

dr Plastiksack

πλαστική σακούλα

s Getränk

ποτά

s Wasser

νερό

dr Saft

χυμός

d Milch

γάλα

d Cola

κόκα κόλα

dr Wii

κρασί

s Bier

μπίρα

dr Alkohol

αλκοόλ

s Ovi

κακάο

dr Tee

τσάι

dr Kafi

καφές

dr Espresso

εσπρέσο

dr Cappuccino

καπουτσίνο

d Banane

μπανάνα

dr Öpfel

μήλο

d Orange

πορτοκάλι

d Melone

πεπόνι

d Zitrone

λεμόνι

s Rüebli

καρότο

dr chnoobli

σκόρδο

dr Bambus

μπαμπού

d Zwiblä

κρεμμύδι

dr Pilz

μανιτάρι

d Nüss

ξηροί καρποί

d Nudle

νουντλς

d Spaghetti

μακαρόνια

dr Riis

ρύζι

dr Salat

σαλάτα

d Pommfrit

πατατάκια

d Bratherdöpfel

τηγανητές πατάτες

d Pizza

πίτσα

dr Hamburgär

χάμπουργκερ

s Sandwich

σάντουιτς

s Gotlett

κοτολέτα

dr Schinkä

ζαμπόν

d Salami

σαλάμι

s Würschtli

λουκάνικο

s Huehn

κοτόπουλο

dr Bratä

ψητό

dr Fisch

ψάρι

d Haferflocke

χυλός βρώμης

s Müesli

μούσλι

d Cornflakes

κορν φλέικς

s Mähl

αλεύρι

s Gipfeli

κρουασάν

s Brötli

ψωμάκι

s Brot

ψωμί

dr Toscht

τοστ

s Guetzli

μπισκότα

d Butter

βούτυρο

dr Quark

τυρόπηγμα

dr Chueche

κέικ

s Ei

αυγό

s Spiegelei

τηγανητό αυγό

dr Chäs

τυρί

d Glace

παγωτό

dr Zucker

ζάχαρη

dr Honig

μέλι

d Gonfi

μαρμελάδα

d Nougat-Creme

άλλειμμα σοκολάτας

s Curry

κάρυ

dr Buurehof
αγρόκτημα

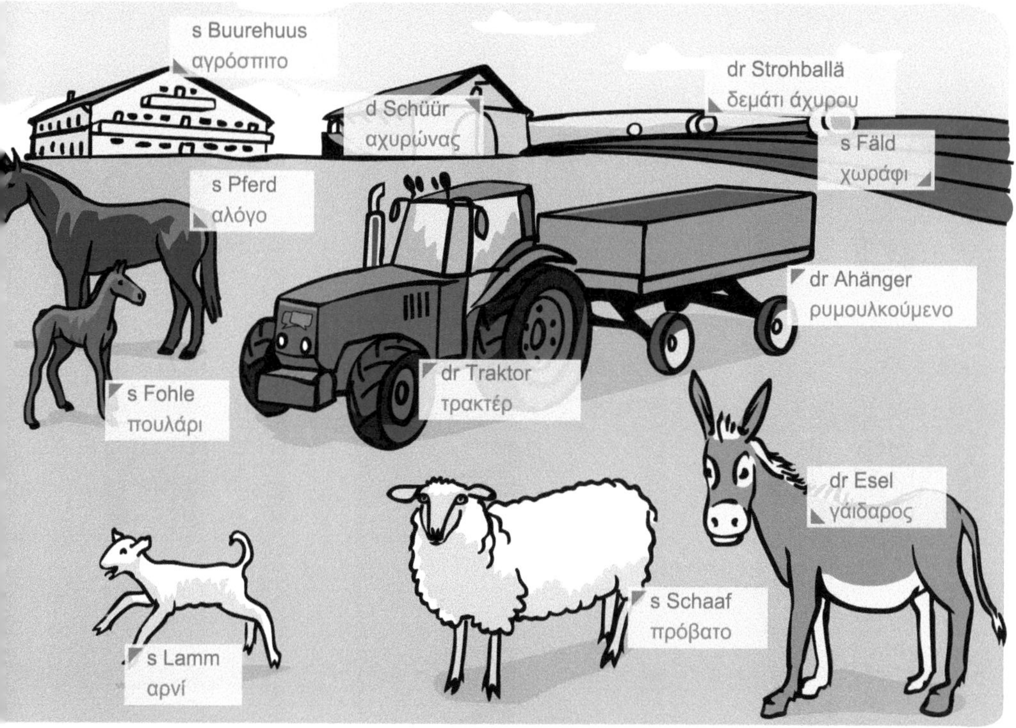
s Buurehuus
αγρόσπιτο
d Schüür
αχυρώνας
dr Strohballä
δεμάτι άχυρου
s Fäld
χωράφι
s Pferd
αλόγο
dr Ahänger
ρυμουλκούμενο
s Fohle
πουλάρι
dr Traktor
τρακτέρ
dr Esel
γάιδαρος
s Schaaf
πρόβατο
s Lamm
αρνί

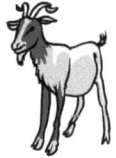

d Geiss

κατσίκα

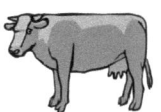

d Chueh

αγελάδα

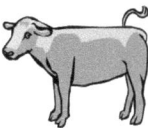

s Chalb

μοσχαράκι

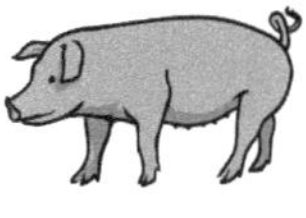
d Sau

γουρούνι

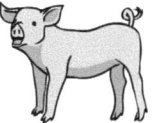

s Ferkel

γουρουνάκι

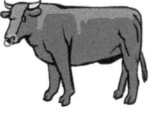

s Rind

ταύρος

d Gans

χήνα

d Änte

πάπια

s Küke

κοτοπουλάκι

s Huähn

κότα

dr Güggel

κόκορας

d Ratte

αρουραίος

d Chatz

γάτα

d Muus

ποντίκι

dr Ochse

βόδι

dr Hund

σκύλος

d Hundehütte

σπιτάκι σκύλου

dr Garteschluuch

λάστιχο κήπου

d Giesschanne

ποτιστήρι

d Sägese

θεριστήρι

dr Pflueg

αλέτρι

d Sichel

δρεπάνι

d Hacke

τσάπα

d Heugable

δίκρανο

d Axt

τσεκούρι

d Garette

χειράμαξα

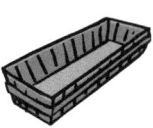

dr Trog

ταΐστρα

d Milchchanne

δοχείο γάλακτος

dr Sack

σάκος

dr Haag

φράχτης

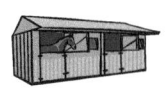

dr Gadä

στάβλος

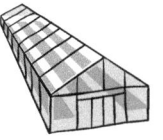

s Gwächshuus

θερμοκήπιο

dr Bode

έδαφος

dr Soome

σπόρος

dr Dünger

λίπασμα

dr Mähdrescher

θεριζοαλωνιστική μηχανή

ärnte

θερίζω

d Ärnte

συγκομιδή

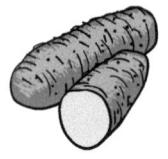

d Yamswurzle

γιαμς

dr Weize

σιτάρι

s Soja

σόγια

dr Härdöpfel

πατάτα

dr Mais

καλαμπόκι

dr Raps

κράμβη

dr Obstbaum

οπωροφόρο δέντρο

dr Maniok

μανιόκα

s Getreide

δημητριακά

s Huus

σπίτι

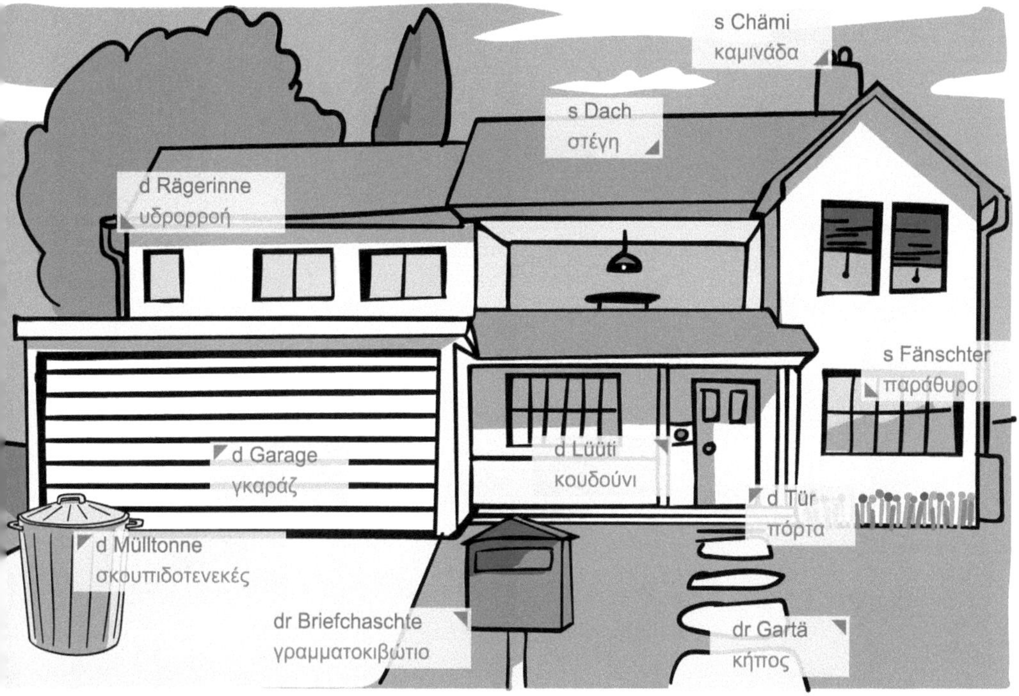

s Chämi
καμινάδα
s Dach
στέγη
d Rägerinne
υδρορροή
s Fänschter
παράθυρο
d Garage
γκαράζ
d Lüüti
κουδούνι
d Tür
πόρτα
d Mülltonne
σκουπιδοτενεκές
dr Briefchaschte
γραμματοκιβώτιο
dr Gartä
κήπος

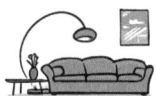

s Stubä

σαλόνι

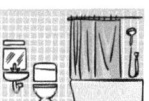

s Badzimmer

μπάνιο

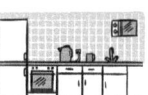

d Chuchi

κουζίνα

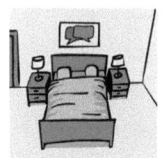

s Schlofzimmer

υπνοδωμάτιο

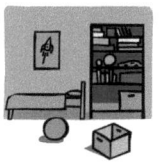

s Chinderzimmer

παιδικό δωμάτιο

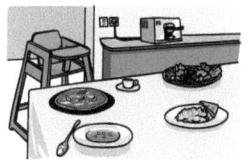

s Ässzimmer

τραπεζαρία

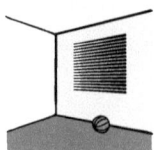

dr Bodä

πάτωμα

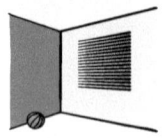

d Wand

τοίχος

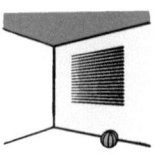

d Decki

οροφή

dr Chäller

κελάρι

d Sauna

σάουνα

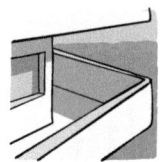

dr Balkon

μπαλκόνι

d Terasse

βεράντα

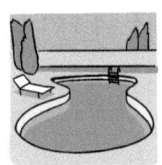

s Pool

πισίνα

dr Rasemäier

μηχανή του γκαζόν

dr Bettbezug

σεντόνι

d Bettdecki

κάλυμμα κρεβατιού

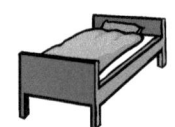

s Bett

κρεβάτι

dr Bäse

σκούπα

dr Chübel

κουβάς

dr Schalter

διακόπτης

s Stubä
σαλόνι

d Tapete
ταπετσαρία
s Bild
φωτογραφία
d Lampä
λάμπα
s Regal
ράφι
dr Schrank
ντουλάπι
dr Färnseh
τηλεόραση
dr Kamin
τζάκι
d Bluamä
λουλούδι
s Chüssi
μαξιλάρι
s Sofa
καναπές
d Vasä
βάζο
d Färnbedienig
τηλεκοντρόλ

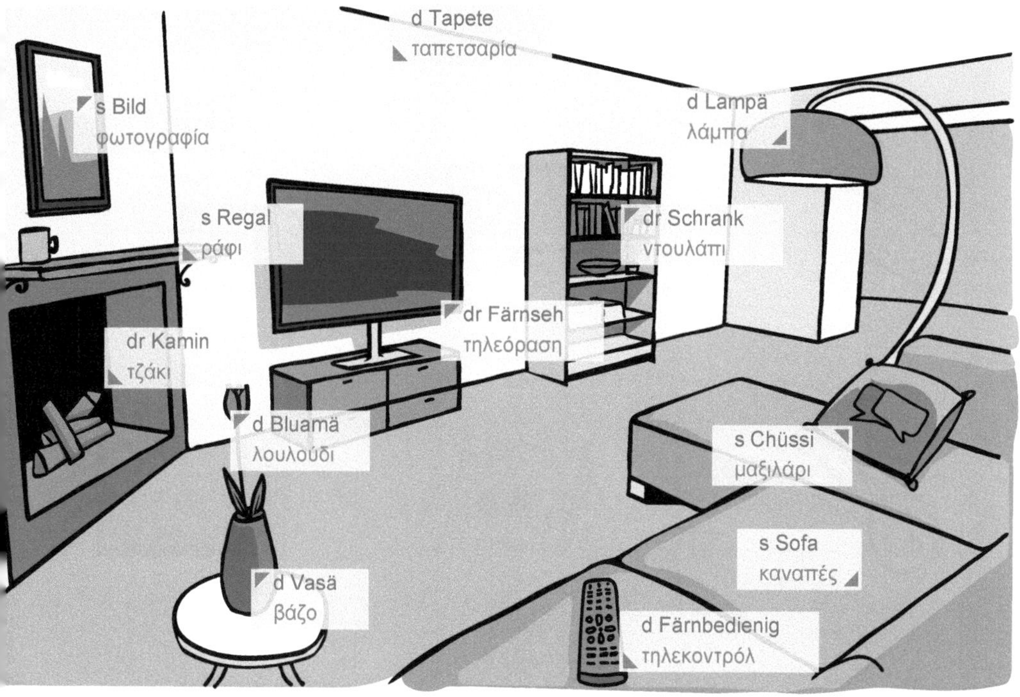

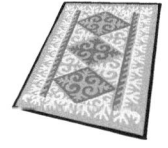

dr Teppich

χαλί

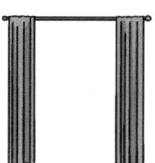

dr Vorhang

κουρτίνα

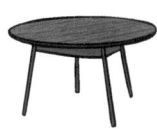

dr Tisch

τραπέζι

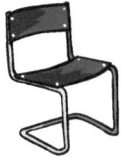

dr Stuehl

καρέκλα

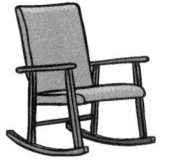

dr Schaukelstuehl

κουνιστή πολυθρόνα

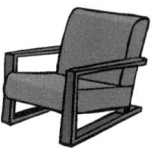

dr Sässel

πολυθρόνα

s Buech

βιβλίο

d Decki

κουβέρτα

d Dekoration

διακόσμηση

s Füürholz

καυσόξυλα

dr Film

ταινία

d Stereoahlag

στερεοφωνικό σύστημα

dr Schlüssel

κλειδί

d Ziitig

εφημερίδα

s Bild

πίνακας ζωγραφικής

s Poster

αφίσα

s Radio

ραδιόφωνο

dr Notizblock

σημειωματάριο

dr Staubsuuger

ηλεκτρική σκούπα

dr Kaktus

κάκτος

d Chärze

κερί

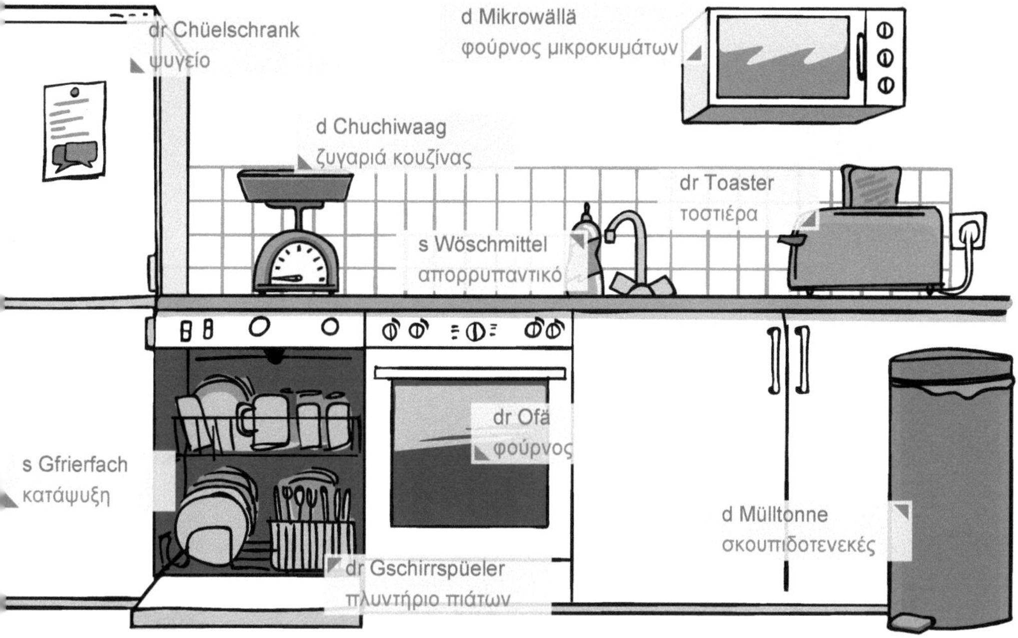

dr Chüelschrank
ψυγείο

d Mikrowällä
φούρνος μικροκυμάτων

d Chuchiwaag
ζυγαριά κουζίνας

dr Toaster
τοστιέρα

s Wöschmittel
απορρυπαντικό

dr Ofä
φούρνος

s Gfrierfach
κατάψυξη

d Mülltonne
σκουπιδοτενεκές

dr Gschirrspüeler
πλυντήριο πιάτων

dr Härd

κουζίνα

dr Topt

κατσαρόλα

dr Iisetopt

μαντεμένια κατσαρόλα

dr Wok / Kadai

γουόκ/καντάι

d Pfanne

τηγάνι

dr Wasserchocher

βραστήρας

dr Dampfer

ατμομάγειρας

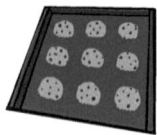

s Bachbläch

ταψί

s Gschirr

πιατικά

dr Bächer

κούπα

d Schale

μπολ

d Stäbli

ξυλάκια

d Suppechellä

κουτάλα

dr Pfannewänder

σπάτουλα

dr Schneebäse

ανακατεύω

s Sieb

σουρωτήρι

s Sieb

σουρωτηράκι

d Raffle

τρίφτης

dr Mörser

γουδί

dr Grill

ψησταριά

d Füürstell

ανοιχτή φωτιά

s Schniidbrätt

σανίδα κοπής

s Nudelholz

πλάστης

dr Korkäzieher

ανοιχτήρι φελλών

d Dosä

κονσέρβα

dr Dosäöffner

ανοιχτήρι κονσέρβας

dr Topflappä

γάντι φούρνου

s Wöschbecki

νεροχύτης

d Bürste

βούρτσα

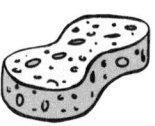

dr Schwumm

σφουγγάρι

dr Mixer

μπλέντερ

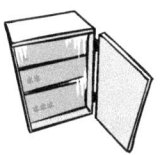

dr Gfrierschrank

καταψύκτης

s Babyfläschli

μπιμπερό

dr Hahnä

βρύση

s Badzimmer

μπάνιο

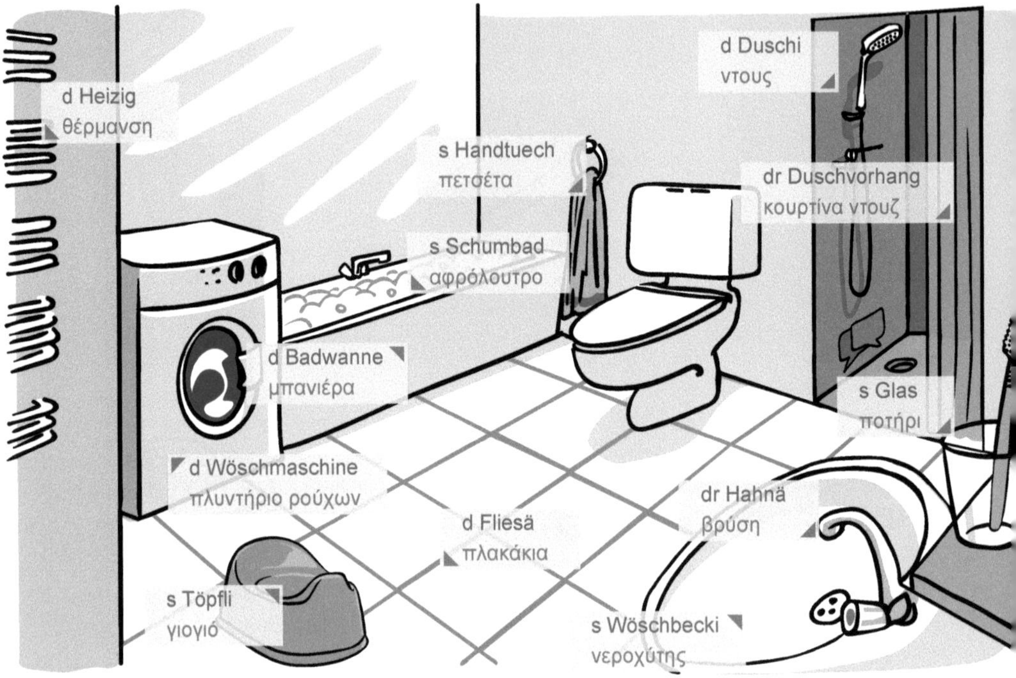
d Heizig
θέρμανση
s Handtuech
πετσέτα
d Duschi
ντους
dr Duschvorhang
κουρτίνα ντουζ
s Schumbad
αφρόλουτρο
d Badwanne
μπανιέρα
s Glas
ποτήρι
d Wöschmaschine
πλυντήριο ρούχων
dr Hahnä
βρύση
d Fliesä
πλακάκια
s Töpfli
γιογιό
s Wöschbecki
νεροχύτης

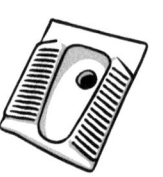

d Toilette

τουαλέτα

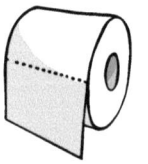

s Plumpsklo

τούρκικη τουαλέτα

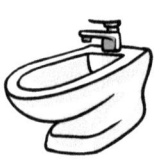

s Bidet

μπιντές

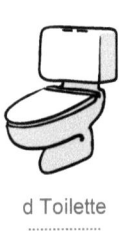

s Pissoir

ουρητήριο

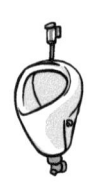

ds Toilettepapier

χαρτί υγείας

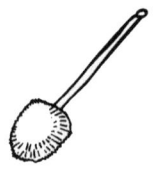

d Toilettebürschteli

πιγκάλ

d Zahbürstä

οδοντόβουρτσα

d Zahpasta

οδοντόκρεμα

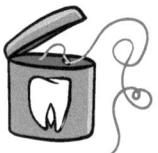

d Zahnsiide

οδοντικό νήμα

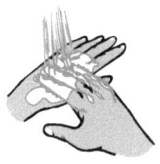

wäsche

πλένω

d Handduschi

τηλέφωνο ντους

d Intiimduschi

ντουσιέρα

s Wöschbecki

λεκάνη

d Ruggäbürste

βούρτσα πλάτης

d Seifä

σαπούνι

s Duschgel

αφρόλουτρο

s Shampoo

σαμπουάν

dr Waschlappä

φανέλα

dr Abfluss

σιφόνι

d Creme

κρέμα

s Deo

αποσμητικό

dr Spiegel

καθρέφτης

dr Handspiegel

καθρέφτης χειρός

dr Rasierer

ξυραφάκι

dr Rasierschuum

αφρός ξυρίσματος

s Aftershave

αφτερσέιβ

dr Schträäl

χτένα

d Bürstä

βούρτσα

dr Föhn

σεσουάρ

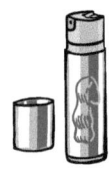

s Hoorspray

λακ

s Makeup

μακιγιάζ

dr Lippestift

κραγιόν

dr Nagellack

βερνίκι νυχιών

d Wattä

βαμβάκι

d Nagelscher

ψαλίδι νυχιών

s Parfum

άρωμα

s Necessaire

νεσεσέρ

dr Schemel

σκαμπό

d Waag

ζυγαριά

dr Badmantel

μπουρνούζι

dr Gummihändscheh

ελαστικά γάντια

s Tampon

ταμπόν

d Damebinde

πετσέτα υγιεινής

d chemischi Toilette

χημική τουαλέτα

s Chinderzimmer
παιδικό δωμάτιο

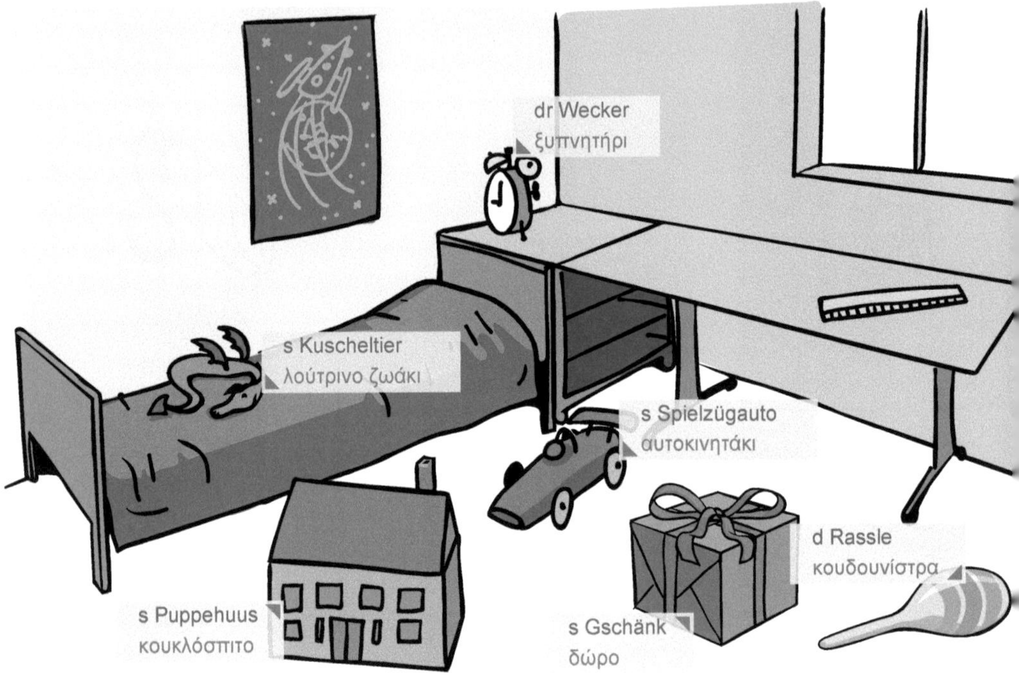

dr Wecker
ξυπνητήρι
s Kuscheltier
λούτρινο ζωάκι
s Spielzügauto
αυτοκινητάκι
d Rassle
κουδουνίστρα
s Puppehuus
κουκλόσπιτο
s Gschänk
δώρο

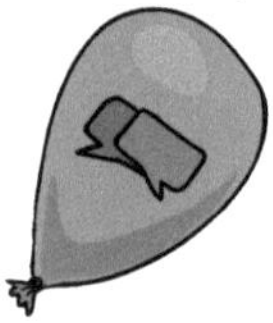

dr Ballon
μπαλόνι

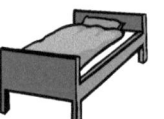

s Bett
κρεβάτι

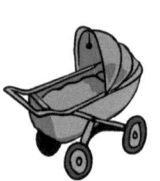

dr Chinderwage
καροτσάκι

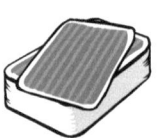

s Chartespiel
τράπουλα

s Puzzle
παζλ

SUPER
MEGA

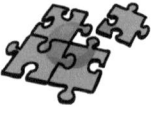

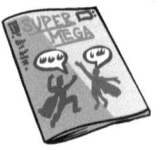

dr Comic
κόμικς

d Legos

τουβλάκια lego

d Baustei

τουβλάκια κατασκευών

d Action Figur

φιγούρα δράσης

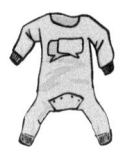

s Strampli

βρεφικό φορμάκι

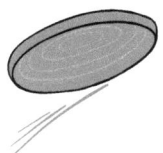

s Frisbee

φρίσμπι

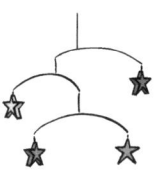

s Mobile

μόμπιλο

s Brättspiel

επιτραπέζιο παιχνίδι

dr Würfäl

ζάρια

d Modellisebahn

σετ τρενάκι

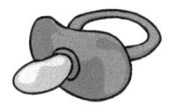

dr Nuggi

πιπίλα

d Party

πάρτι

s Bilderbuch

εικονογραφημένο βιβλίο

dr Ball

μπάλα

d Puppä

κούκλα

spiele

παίζω

dr Sandchaschte

σκάμμα με άμμο

d Gigampfi

κούνια

s Spielzüg

παιχνίδια

d Videospielkonsole

κονσόλα βιντεοπαιχνιδιών

s Dreirad

τρίκυκλο

dr Teddy

αρκουδάκι

dr Chleiderschrank

ντουλάπα

d Chleidig
ρούχα

d Sockä

κάλτσες

d Strümpf

καλτσοδέτες

d Strumpfhosä

καλσόν

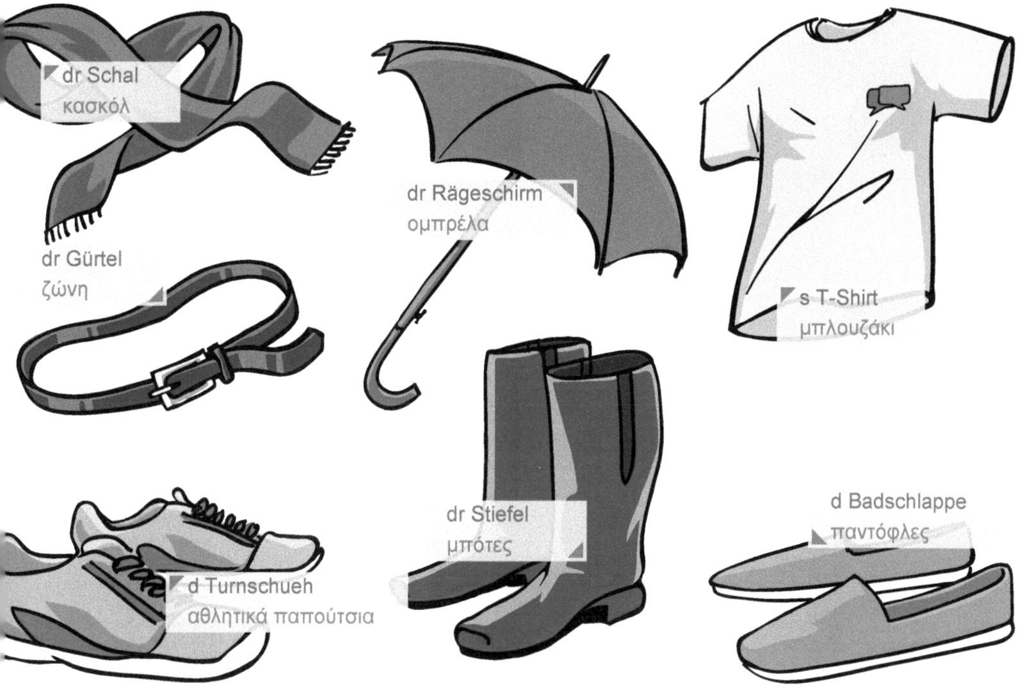

dr Schal
κασκόλ

dr Rägeschirm
ομπρέλα

s T-Shirt
μπλουζάκι

dr Gürtel
ζώνη

dr Stiefel
μπότες

d Badschlappe
παντόφλες

d Turnschueh
αθλητικά παπούτσια

d Sandalä
....
σανδάλια

d Schueh
....
παπούτσια

d Gummistiefel
....
γαλότσες

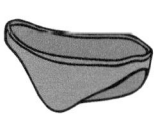

d Untrhosä
....
εσώρουχο

dr BH
....
σουτιέν

s Underlibli
....
φανέλα

d Chleidig - ρούχα

dr Body
σώμα

d Hosä
παντελόνι

d Jeans
τζιν παντελόνι

dr Rock
φούστα

d Bluse
μπλούζα

s Hömli
πουκάμισο

dr Pulli
πουλόβερ

dr Kapuzepulli
πουλόβερ

dr Blazer
σακάκι

d Jacke
μπουφάν

dr Mantel
παλτό

dr Rägämantel
αδιάβροχο πανωφόρι

s Chostüm
κοστούμι

s Chleid
φόρεμα

s Hochziitskleid
νυφικό

dr Ahzug

κοστούμι

s Nachthömli

νυχτικό

s Pyjama

πιτζάμες

dr Sari

σάρι

s Chopftuäch

μαντήλι

dr Turban

τουρμπάνι

d Burka

μπούρκα

dr Kaftan

καφτάνι

d Abaya

μουσουλμανικό ένδυμα

s Badchleid

ολόσωμο μαγιό

d Badhose

ανδρικό μαγιό

d churzi Hosä

σορτς

dr Trainer

αθλητική φόρμα

d Schürze

ποδιά

d Händsche

γάντια

dr Chnopf

κουμπί

d Brüllä

γυαλιά

s Armband

βραχιόλι

d Chetti

περιδέραιο

dr Ring

δαχτυλίδι

dr Ohrering

σκουλαρίκι

d Chappe

καπέλο

dr Chleiderbügel

κρεμάστρα

dr Huet

καπέλο

d Grawattä

γραβάτα

dr Riissverschluss

φερμουάρ

dr Helm

κράνος

dr Hosäträger

τιράντες

d Schueluniform

μαθητική στολή

d Uniform

στολή

s Lätzli

σαλιάρα

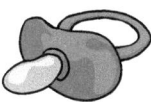

dr Nuggi

πιπίλα

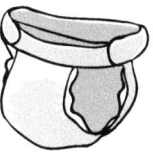

d Windle

πάνα

s Büro

γραφείο

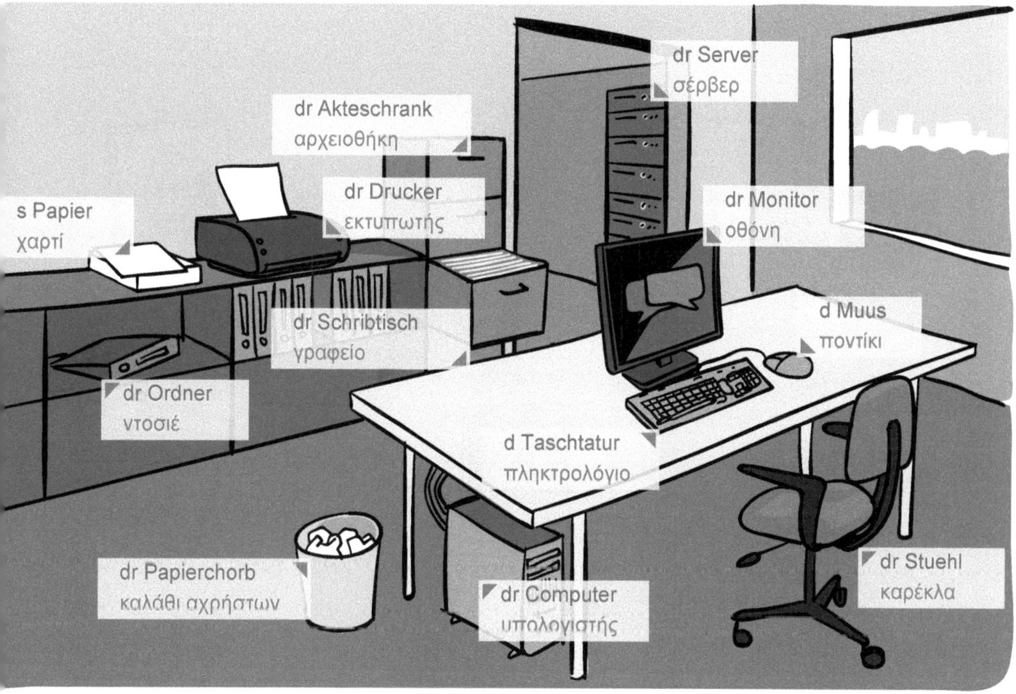

dr Server
σέρβερ

dr Akteschrank
αρχειοθήκη

s Papier
χαρτί

dr Drucker
εκτυπωτής

dr Monitor
οθόνη

dr Schribtisch
γραφείο

d Muus
ποντίκι

dr Ordner
ντοσιέ

d Taschtatur
πληκτρολόγιο

dr Papierchorb
καλάθι αχρήστων

dr Stuehl
καρέκλα

dr Computer
υπολογιστής

dr Kafibächer

κούπα του καφέ

dr Tascherächner

κομπιουτεράκι

s Internet

ίντερνετ

dr Laptop

λάπτοπ

dr Brief

γράμμα

d Nochricht

μήνυμα

s Mobiltelefon

κινητό

s Netzwärk

δίκτυο

dr Kopierer

φωτοτυπικό μηχάνημα

d Software

λογισμικό

s Telefon

τηλέφωνο

d Steckdosä

πρίζα

s Fax

συσκευή φαξ

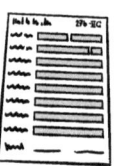

s Formular

έντυπο

s Dokumänt

έγγραφο

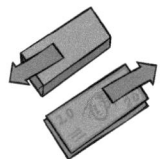

chaufe

αγοράζω

zahle

πληρώνω

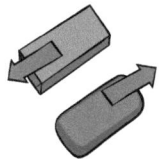

handle

συναλλάσσομαι

s Gäld

χρήματα

dr Dollar

δολάριο

dr Euro

ευρώ

dr Yen

γιεν

dr Rubel

ρούβλι

dr Frankä

ελβετικό φράγκο

dr Renminbi Yuan

ρενμίνμπι γιουάν

d Rupie

ρουπία

dr Gäldautomat

ATM (αυτόματη ταμειακή μηχανή)

d Wächselstube

ανταλλακτήρια
συναλλάγματος

s Gold

χρυσός

s Silber

ασήμι

s Öl

πετρέλαιο

d Energie

ενέργεια

dr Preis

τιμή

dr Vertrag

συμβόλαιο

d Stüür

φόρος

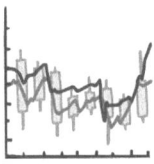

d Aktie

μετοχή

schaffe

δουλεύω

dr Mitarbeiter

υπάλληλος

dr Arbeitgeber

εργοδότης

d Fabrik

εργοστάσιο

s Gschäft

κατάστημα

d Brüef
επαγγέλματα

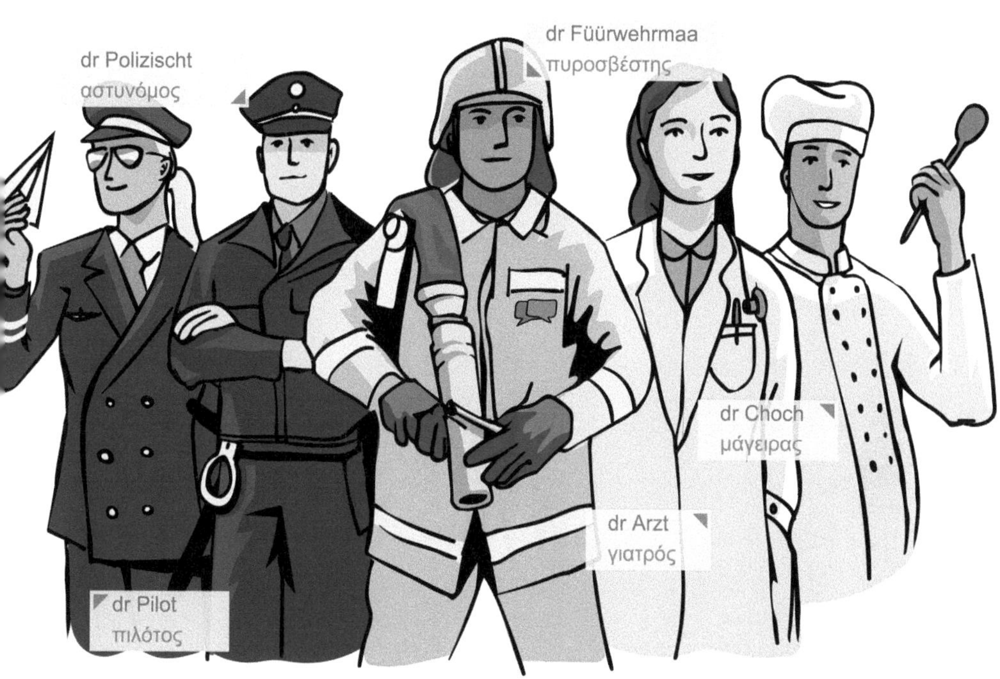
dr Füürwehrmaa
πυροσβέστης
dr Polizischt
αστυνόμος
dr Choch
μάγειρας
dr Arzt
γιατρός
dr Pilot
πιλότος

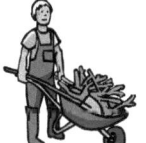

dr Gärtner
κηπουρός

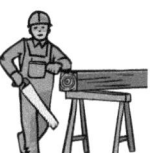

dr Zimmermah
ξυλουργός

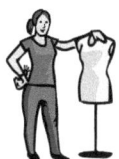

d Näherl
μοδίστρα

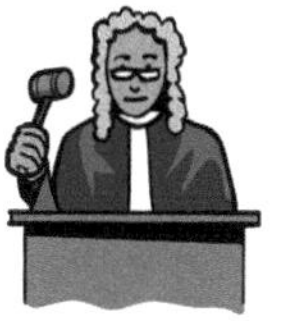

dr Richter
δικαστής

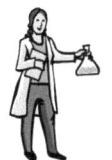

dr Chemiker
χημικός

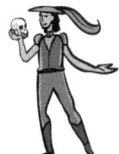

dr Darsteller
ηθοποιός

dr Busfahrer

οδηγός λεωφορείου

dr Taxifahrer

ταξιτζής

dr Fischer

ψαράς

d Putzfrau

καθαρίστρια

dr Dachdecker

τεχνίτης στεγών

dr Chällner

σερβιτόρος

dr Jäger

κυνηγός

dr Moler

ζωγράφος

dr Bäcker

αρτοποιός

dr Elektriker

ηλεκτρολόγος

dr Bauarbeiter

οικοδόμος

dr Ingenieur

μηχανολόγος

dr Schlachter

κρεοπώλης

dr Klämpner

υδραυλικός

dr Pöschtler

ταχυδρόμος

dr Soldat
στρατιώτης

dr Architekt
αρχιτέκτονας

dr Kassierer
ταμίας

dr Florischt
ανθοπώλης

dr Frisör
κομμωτής

dr Kontrolleur
ελεγκτής εισιτηρίων

dr Mechaniker
μηχανικός

dr Kapitän
καπετάνιος

dr Zahnarzt
οδοντίατρος

dr Wüsseschaftler
επιστήμονας

dr Rabbi
ραβίνος

dr Imam
ιμάμης

dr Mönch
μοναχός

dr Pfarrer
ιερέας

d Werkzüüg
εργαλεία

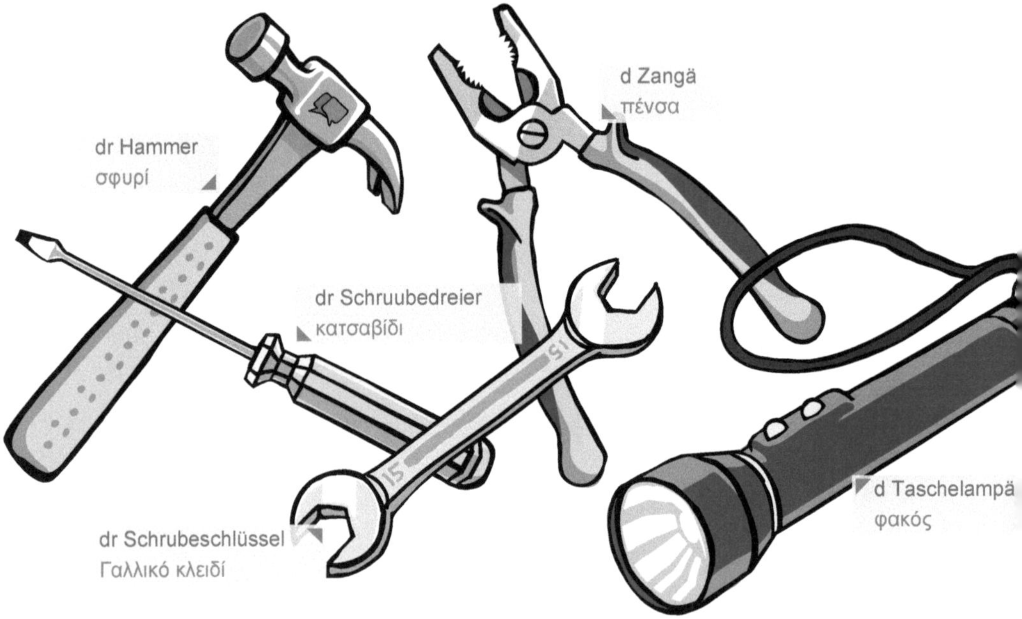
d Zangä
πένσα
dr Hammer
σφυρί
dr Schruubedreier
κατσαβίδι
d Taschelampä
φακός
dr Schrubeschlüssel
Γαλλικό κλειδί

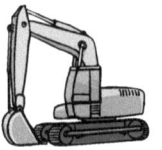

dr Bagger
εκσκαφέας

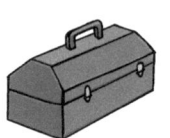

dr Werkzüügchaschte
εργαλειοθήκη

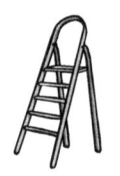

d Leitere
σκάλα

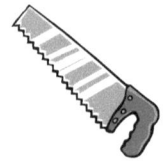

d Sagi
πριόνι

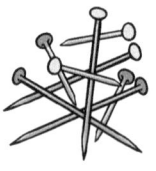

d Negel
καρφιά

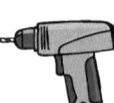

dr Bohrer
τρυπάνι

flicke

επισκευάζω

d Schufle

φτυάρι

Mischt!

Να πάρει!

d Ascheschufle

φαράσι

dr Farbchübel

δοχείο χρωμάτων

d Schruube

βίδες

d Musiginstrumänt

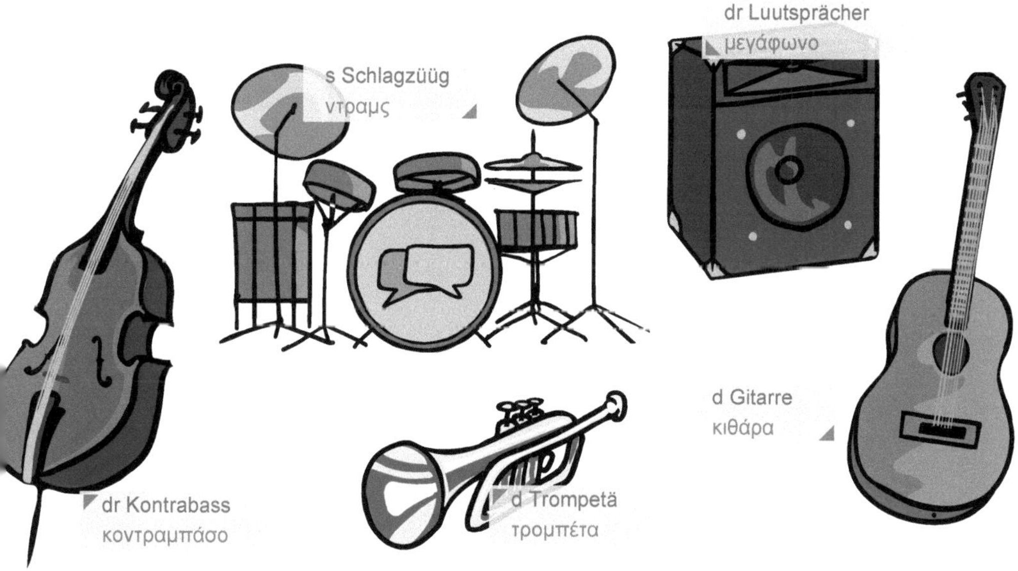

μουσικά όργανα

s Schlagzüüg
ντραμς

dr Luutsprächer
μεγάφωνο

d Gitarre
κιθάρα

dr Kontrabass
κοντραμπάσο

d Trompetä
τρομπέτα

s Klavier

πιάνο

d Violine

βιολί

dr Bass

μπάσο

d Pauke

τύμπανα

d Trummle

τύμπανο

s Keyboard

πλήκτρα

s Saxophon

σαξόφωνο

d Flöte

φλάουτο

s Mikrofon

μικρόφωνο

dr Zolli

ζωολογικός κήπος

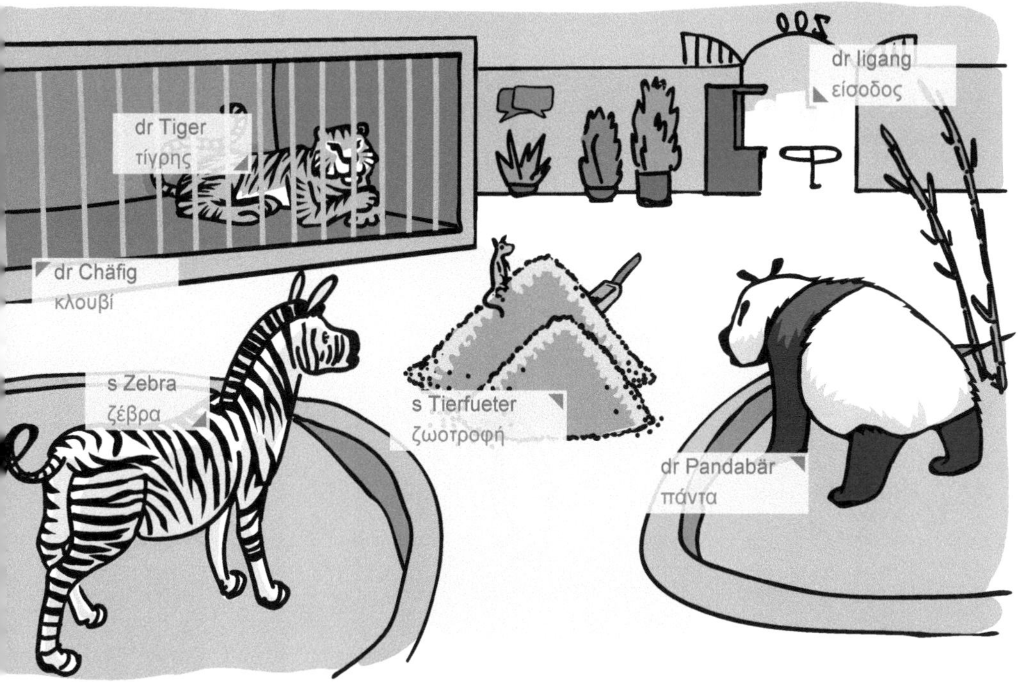

zoo
dr Igang
είσοδος
dr Tiger
τίγρης
dr Chäfig
κλουβί
s Zebra
ζέβρα
s Tierfueter
ζωοτροφή
dr Pandabär
πάντα

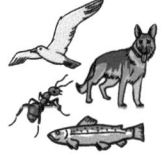

d Tier

ζώα

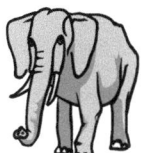

dr Elefant

ελέφαντας

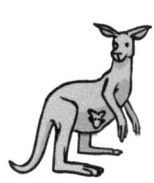

s Känguru

καγκουρό

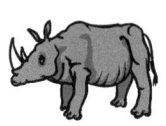

s Nashorn

ρινόκερος

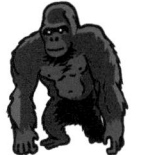

dr Gorilla

γορίλας

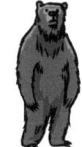

dr Bär

αρκούδα

s Kamel

καμήλα

dr Struss

στρουθοκάμηλος

dr Leu

λιοντάρι

dr Aff

πίθηκος

dr Flamingo

φλαμίνγκο

dr Papagei

παπαγάλος

dr Iisbär

πολική αρκούδα

dr Pinguin

πιγκουίνος

dr Hai

καρχαρίας

dr Pfau

παγώνι

d Schlangä

φίδι

s Krokodil

κροκόδειλος

dr Zoowärter

φύλακας ζωολογικού κήπου

d Robbä

φώκια

dr Jaguar

τζάγκουαρ

s Pony

πόνυ

dr Leopard

λεοπάρδαλη

s Nilpfärd

ιπποπόταμος

d Giraff

καμηλοπάρδαλη

dr Adler

αετός

s Wildschwein

αγριογούρουνο

dr Fisch

ψάρι

d Schildkrot

χελώνα

s Walross

θαλάσσιος ίππος

dr Fuchs

αλεπού

d Gazelle

γαζέλα

s American Football
Αμερικάνικο ποδόσφαιρο

s Velofahre
ποδηλασία

s Tennis
αντισφαίριση

dr Basketball
μπάσκετ

s Schwümmä
κολύμβηση

s Boxä
πυγχαμία

s lishockey
χόκεϋ επί πάγου

dr Fuessball

ποδόσφαιρο

s Badminton

μπάντμιντον

d Liechtathletik

στίβος

dr Handball

χάντμπολ

s Skifahre

σκι

s Polo

πόλο

d Aktivitäte
δραστηριότητες

springä
πηδάω
umarme
αγκαλιάζω
lachä
γελάω
gah
περπατάω
singe
τραγουδάω
troime
ονειρεύομαι
bätte
προσεύχομαι
küssä
φιλάω

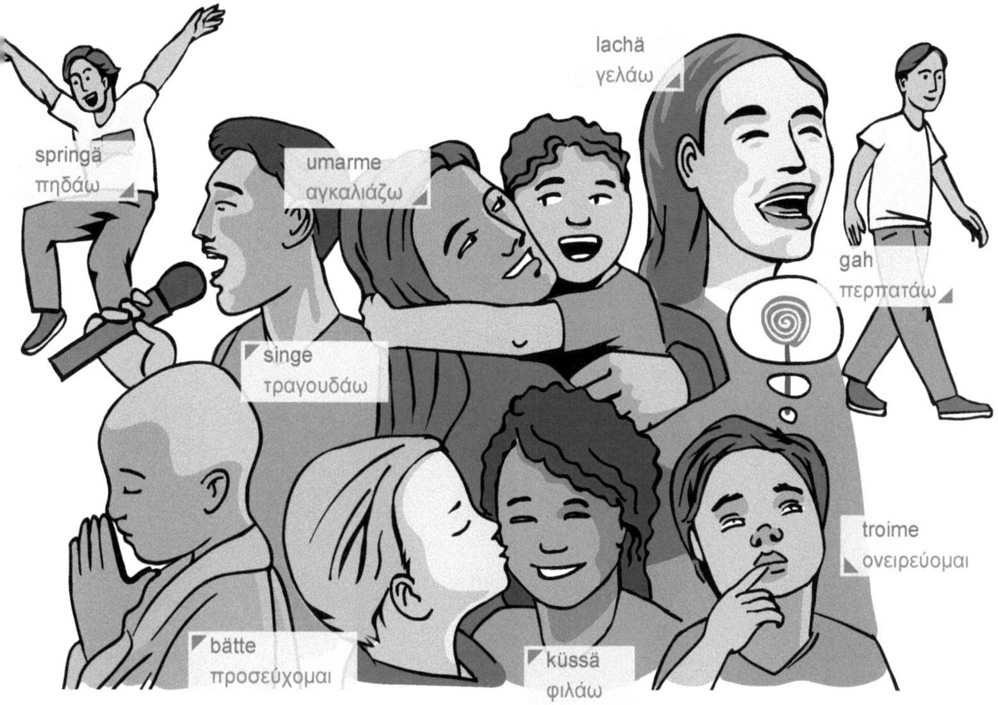

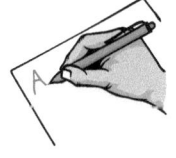

schribe
γράφω

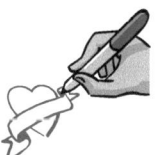

zeichne
σχεδιάζω

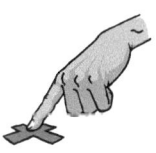

zeige
δείχνω

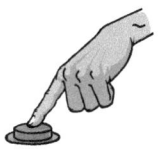

schiebe
πιέζω

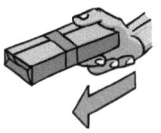

gäh
δίνω

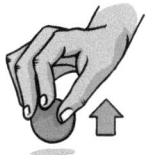

näh
παίρνω

händ

έχω

mache

κάνω

sy

είμαι

stah

στέκομαι

laufe

τρέχω

zieh

τραβάω

rüerä

ρίχνω

fallä

πέφτω

ligge

ξαπλώνω

warte

περιμένω

träge

κουβαλώ

sitze

κάθομαι

ahzieh

φοράω

schlafe

κοιμάμαι

ufwache

ξυπνάω

ahluege

κοιτάω

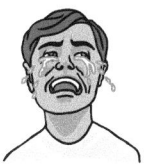

brüele

κλαίω

striichle

χαϊδεύω

bürste

χτενίζω

redä

μιλάω

verschtah

καταλαβαίνω

froog

ρωτάω

lose

ακούω

trinke

πίνω

ässe

τρώω

ufruume

συγυρίζω

liebe

αγαπάω

chochä

μαγειρεύω

fahre

οδηγώ

flüge

πετάω

segle

κάνω ιστιοπλοΐα

rächne

υπολογίζω

läse

διαβάζω

leerä

μαθαίνω

schaffe

δουλεύω

hürate

παντρεύομαι

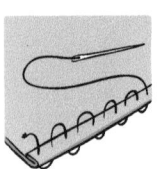

näije

ράβω

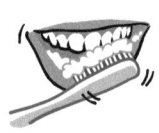

Zäh putze

βουρτσίζω τα δόντια

töte

σκοτώνω

schlootä

καπνίζω

sände

στέλνω

d Familiä
οικογένεια

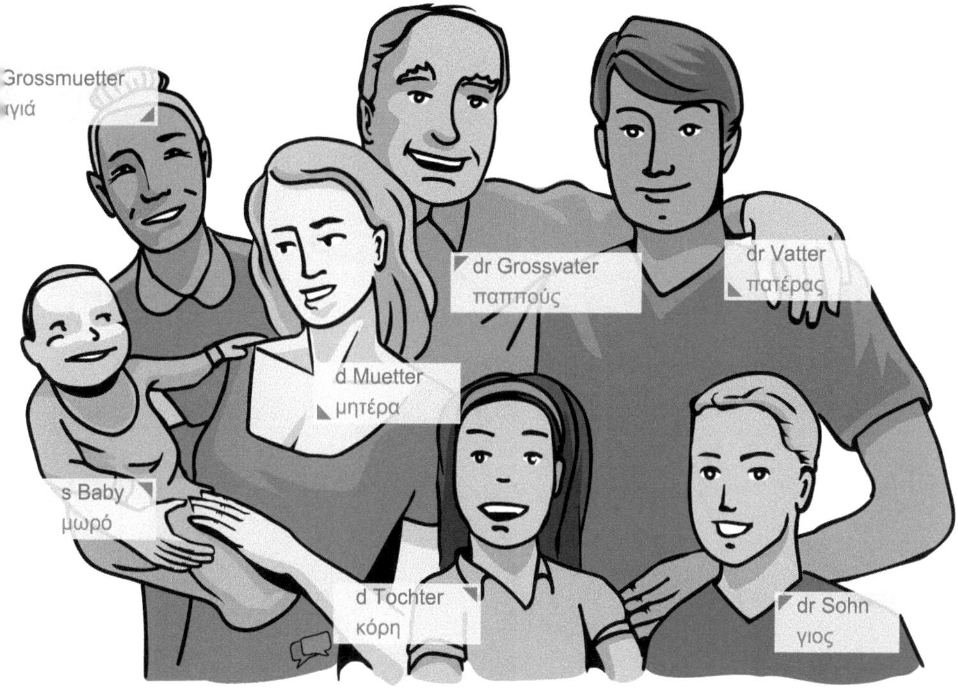

Grossmuetter
γιά
dr Grossvater
παππούς
dr Vatter
πατέρας
d Muetter
μητέρα
s Baby
μωρό
d Tochter
κόρη
dr Sohn
γιος

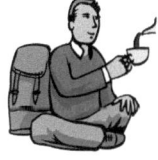

dr Gast

καλεσμένος

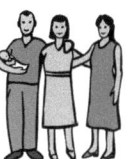

d Tante

θεία

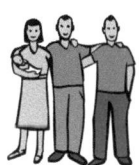

dr Unkel

θείος

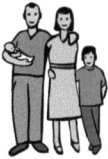

dr Brüeder

αδελφός

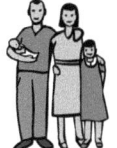

d Schwöschter

αδελφή

dr Körpär
σώμα

d Stirn
μέτωπο
ds Aug
μάτι
d Schultere
ώμος
dr Fingär
δάχτυλο
s Gsicht
πρόσωπο
s Chüni
πιγούνι
d Hand
χέρι
s Bei
πόδι
d Bruscht
στήθος
dr Arm
βραχίονας

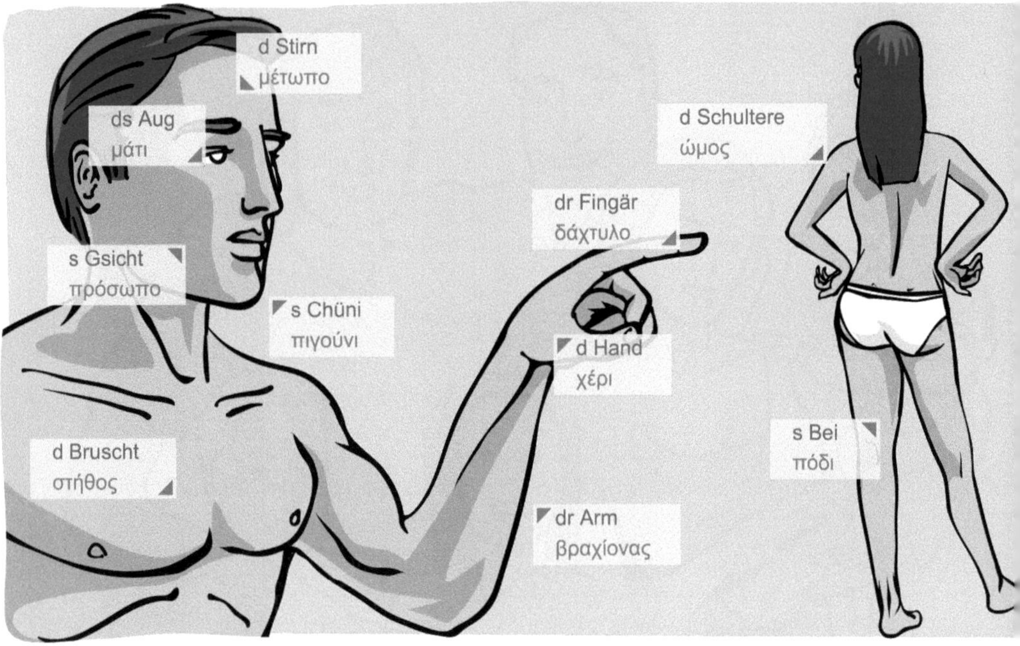

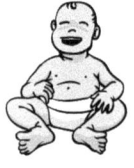

s Baby
μωρό

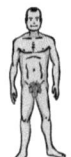

dr Mah
άνδρας

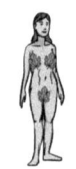

d Frau
γυναίκα

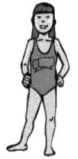

s Meitli
κορίτσι

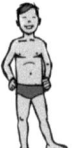

dr Bueb
αγόρι

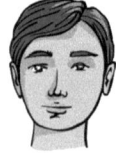

dr Chopf
κεφάλι

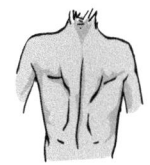

dr Ruggä

πλάτη

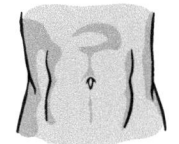

dr Buuch

κοιλιά

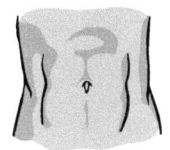

dr Buchnabel

αφαλός

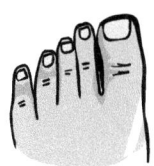

dr Zäche

δάχτυλο ποδιού

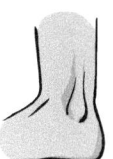

d Fersä

φτέρνα

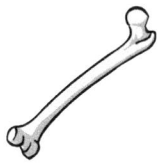

d Knoche

κόκκαλο

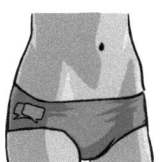

d Hüfte

γοφός

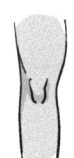

s Chnü

γόνατο

dr Ellbogä

αγκώνας

d Nase

μύτη

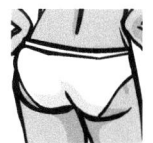

s Füdli

γλουτός

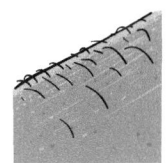

d Hut

δέρμα

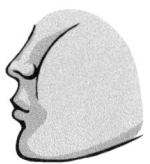

d Bagge

μάγουλο

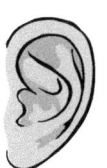

s Ohr

αυτί

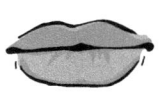

d Lippe

χείλος

s Muul

στόμα

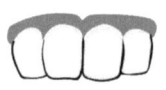

dr Zah

δόντι

d Zungä

γλώσσα

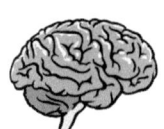

s Hirni

εγκέφαλος

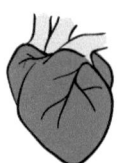

s Härz

καρδιά

dr Muskel

μυς

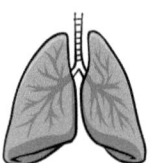

d Lungä

πνεύμονας

d Läberä

συκώτι

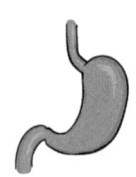

dr Magen

στομάχι

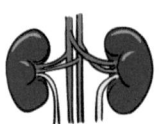

d Nierä

νεφρά

dr Gschlächtsvrkehr

σεξουαλική επαφή

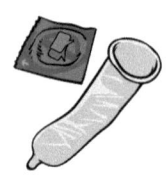

s Kondom

προφυλακτικό

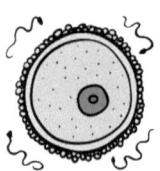

d Eizälle

ωάριο

dr Soome

σπέρμα

d Schwangerschaft

εγκυμοσύνη

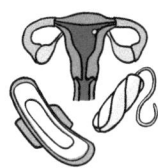

d Menstruation

περίοδος

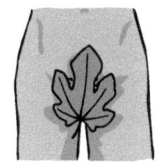

d Vagina

γυναικείος κόλπος

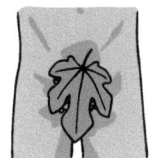

dr Penis

πέος

d Augebrauä

φρύδι

s Haar

μαλλιά

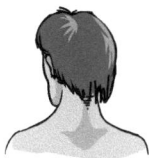

dr Hals

λαιμός

s Spital
νοσοκομείο

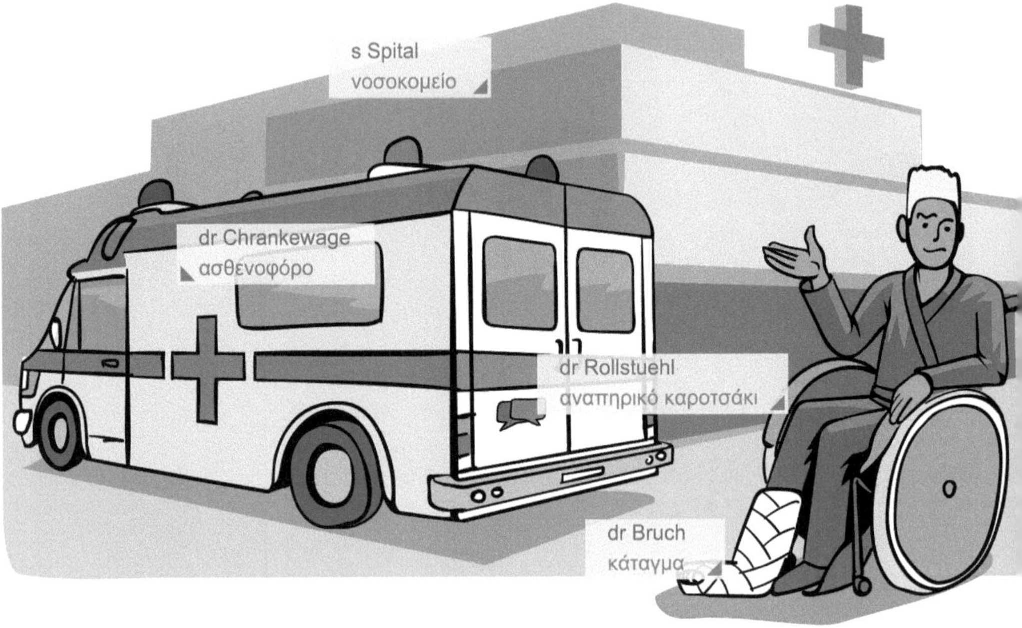

s Spital
νοσοκομείο
dr Chrankewage
ασθενοφόρο
dr Rollstuehl
αναπηρικό καροτσάκι
dr Bruch
κάταγμα

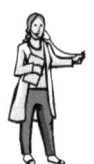

dr Arzt
γιατρός

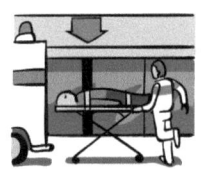

d Notufnahm
μονάδα εντατικής θεραπείας

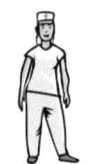

d Chrankeschwöschter
νοσοκόμα

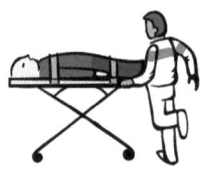

dr Notfall
έκτακτη ανάγκη

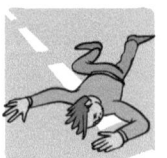

ohnmächtig
λιπόθυμος

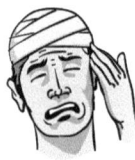

dr Schmärz
πόνος

d Verletzig

τραύμα

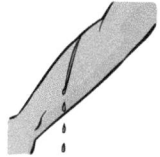

d Bluätig

αιμορραγία

dr Härzinfarkt

έμφραγμα

dr Schlagahfall

εγκεφαλικό

d Allergie

αλλεργία

dr Hueschtä

βήχας

s Fieber

πυρετός

d Grippe

γρίπη

dr Durchfall

διάρροια

d Kopfschmärze

πονοκέφαλος

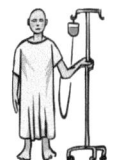

dr Kräbs

καρκίνος

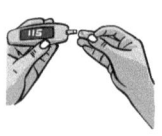

dr Diabetes

διαβήτης

dr Chirurg

χειρουργός

s Skalpell

νυστέρι

d Operation

εγχείρηση

s CT

αξονική τομογραφία

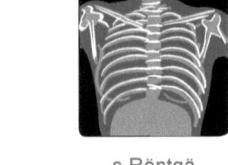

s Röntgä

ακτινογραφία

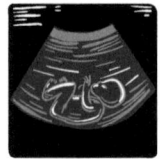

s Ultraschall

υπέρηχος

d Gsichtsmaske

μάσκα

d Krankhet

ασθένεια

s Wartezimmer

αίθουσα αναμονής

d Krückä

πατερίτσα

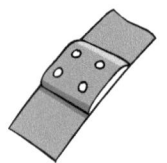

s Pflaster

χάνσαπλαστ

dr Vrband

επίδεσμος

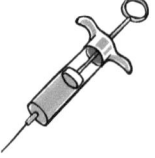

d Injektion

ένεση

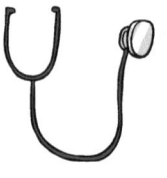

s Stethoskop

στηθοσκόπιο

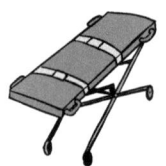

d Trage

φορείο

s Thermometer

θερμόμετρο

d Geburt

γέννηση

s Übergwicht

υπέρβαρο

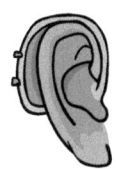

s Hörgrät

ακουστικό βαρηκοΐας

s Desinfektionsmittel

αντισηπτικό

d Infektion

λοίμωξη

s Virus

ιός

s HIV / AIDS

HIV/AIDS

d Medizin

φάρμακο

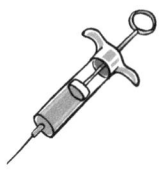

d Impfig

εμβολιασμός

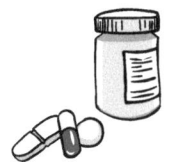

d Tablette

δισκία

d Pille

χάπι

dr Notruef

κλήση έκτακτης ανάγκης

s Bluetdruck-Mässgrät

πιεσόμετρο αίματος

chrank / gsund

άρρωστος / υγιής

Hiufe!
Βοήθεια!

dr Alarm
συναγερμός

dr Überfall
βιαιοπραγία

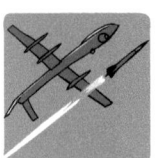

dr Ahgriff
επίθεση

d Gfohr
κίνδυνος

dr Notuusgang
έξοδος κινδύνου

Füür!
Φωτιά!

dr Füürlöscher
πυροσβεστήρας

dr Unfall
ατύχημα

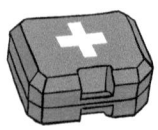

dr Ersti-Hilf-Koffer
κουτί πρώτων βοηθειών

SOS
SOS

d Polizei
αστυνομία

s Europa

Ευρώπη

s Nordamerika

Βόρεια Αμερική

s Südamerika

Νότια Αμερική

s Afrika

Αφρική

s Asie

Ασία

s Auschtralie

Αυστραλία

dr Atlantik

Ατλαντικός Ωκεανός

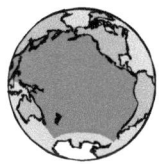

dr Pazifik

Ειρηνικός Ωκεανός

dr Indische Ozean

Ινδικός Ωκεανός

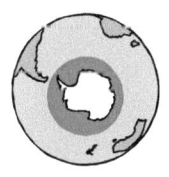

dr Antarktische Ozean

Ανταρκτικός Ωκεανός

dr Arktische Ozean

Αρκτικός Ωκεανός

dr Nordpol

Βόρειος Πόλος

dr Südpol

Νότιος Πόλος

d Antarktis

Ανταρκτική

d Ärde

Γη

s Land

γη

s Meer

θάλασσα

d Inslä

νησί

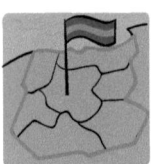

d Nation

έθνος

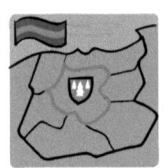

dr Staat

πολιτεία

s Ziffereblatt

καντράν ρολογιού

dr Stundezeiger

ωροδείκτης

dr Minutezeiger

λεπτοδείκτης

dr Sekundezeiger

δείκτης δευτερολέπτων

Wie spaht isch es?

Τι ώρα είναι;

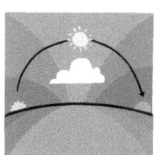

dr Tag

ημέρα

d Zit

χρόνος

jetzt

τώρα

d Digitaluhr

ψηφιακό ρολόι

d Minute

λεπτό

d Stunde

ώρα

d Wuche

εβδομάδα

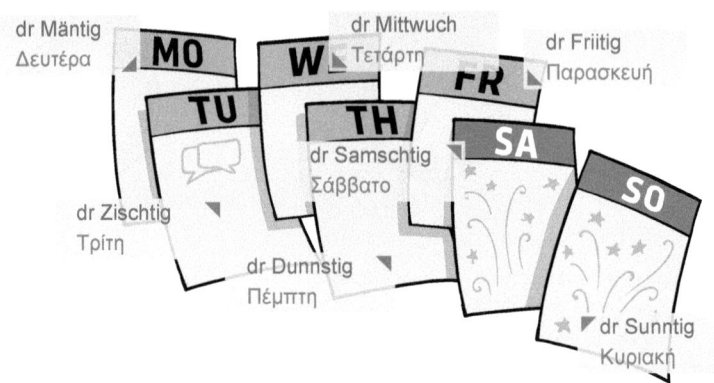

dr Mäntig
Δευτέρα

dr Mittwuch
Τετάρτη

dr Friitig
Παρασκευή

dr Samschtig
Σάββατο

dr Zischtig
Τρίτη

dr Dunnstig
Πέμπτη

dr Sunntig
Κυριακή

geschter

χθες

hüt

σήμερα

morn

αύριο

dr Morgä

πρωί

dr Mittag

μεσημέρι

dr Aabig

βράδυ

d Wärktag

εργάσιμες ημέρες

s Wuchenänd

Σαββατοκύριακο

dr Räge
βροχή

dr Rägeboge
ουράνιο τόξο

dr Schnee
χιόνι

dr Wind
άνεμος

dr Früelig
άνοιξη

dr Herbscht
φθινόπωρο

dr Summer
καλοκαίρι

dr Winter
χειμώνας

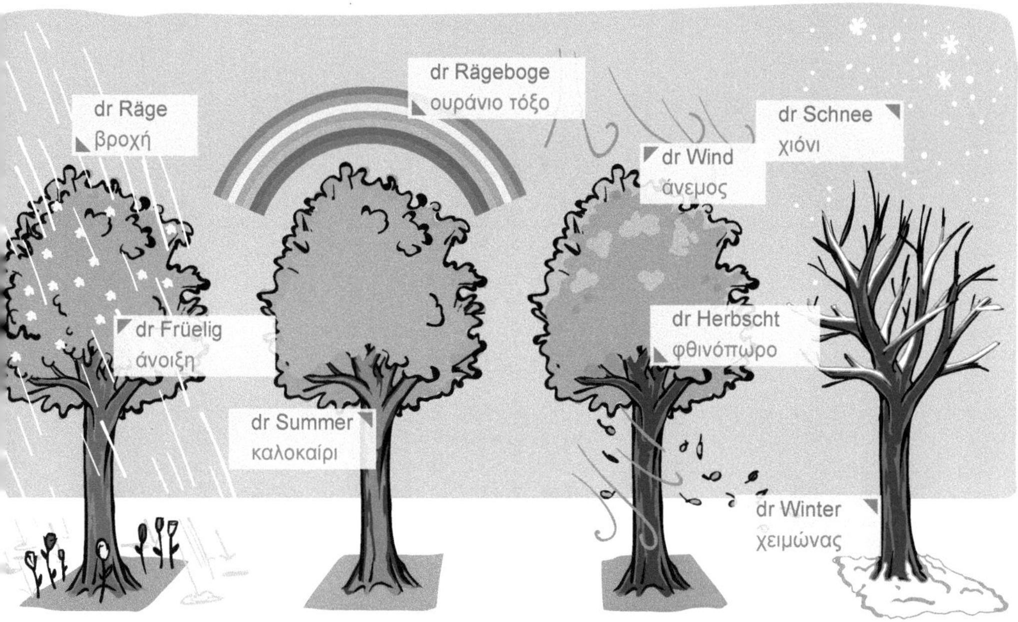

d Wättervorhärsag

πρόγνωση καιρού

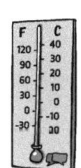

s Thermometer

θερμόμετρο

dr Sunneschiin

λιακάδα

d Wolkä

σύννεφο

d Näbel

ομίχλη

d Fiechtigkeit

υγρασία

dr Blitz

αστραπή

dr Dunner

κεραυνός

dr Sturm

καταιγίδα

d Hagel

χαλάζι

dr Monsun

μουσώνας

d Fluet

πλημμύρα

s Iis

πάγος

dr Januar

Ιανουάριος

dr Februar

Φεβρουάριος

dr März

Μάρτιος

dr April

Απρίλιος

dr Mai

Μάιος

dr Juni

Ιούνιος

dr Juli

Ιούλιος

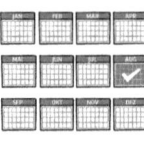

dr Auguscht

Αύγουστος

s Johr - έτος

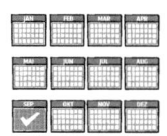

dr Septämber

Σεπτέμβριος

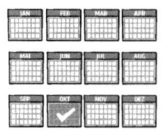

dr Oktober

Οκτώβριος

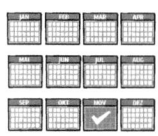

dr Novämber

Νοέμβριος

dr Dezämber

Δεκέμβριος

d Forme
σχήματα

dr Kreis

κύκλος

s Quadrat

τετράγωνο

s Rächteck

ορθογώνιο
παραλληλόγραμμο

s Dreieck

τρίγωνο

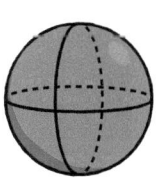

d Chugele

σφαίρα

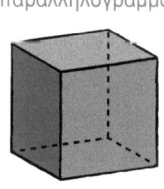

dr Würfel

κύβος

wiss

άσπρο

gäl

κίτρινο

orange

πορτοκαλί

pink

ροζ

rot

κόκκινο

liila

μωβ

blau

μπλε

grüen

πράσινο

bruun

καφέ

grau

γκρι

schwarz

μαύρο

viel / wenig

πολύ / λίγο

hässig / ruhig

θυμωμένος / ήρεμος

hübsch / hässlich

όμορφος / άσχημος

dr Ahfang / s Ändi

αρχή / τέλος

gross / chli

μεγάλος / μικρός

hell / dunkel

φωτεινός / σκοτεινός

Brüeder / d Schwöschter

αδελφός / αδελφή

suuber / dräckig

καθαρός / λερωμένος

vollständig / unvollständig

πλήρης / ατελής

dr Tag / d Nacht

ημέρα / νύχτα

tot / läbig

νεκρός / ζωντανός

breit / schmal

φαρδύς / στενός

ässbar / nid ässbar

βρώσιμος / μη βρώσιμος

bös / fründlich

κακός / ευγενικός

uffreggt / glangwilt

ενθουσιασμένος /
βαριεστημένος

dick / dünn

παχύς / λεπτός

zerscht / zletscht

πρώτος / τελευταίος

dr Fründ / dr Find

φίλος / εχθρός

voll / läär

γεμάτος / άδειος

hart / weich

σκληρός / μαλακός

schwer / liecht

βαρύς / ελαφρύς

dr Hunger / dr Durscht

πείνα / δίψα

chrank / gsund

άρρωστος / υγιής

illegal / legal

παράνομος / νόμιμος

intelligänt / gatz

έξυπνος / χαζός

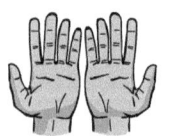

links / rächts

αριστερός / δεξιός

nöch / wiit weg

κοντινός / μακρινός

neu / bruucht

καινούριος /
μεταχειρισμένος

nüt / öpis

τίποτα / κάτι

alt / jung

γέρος | νέος

ah / uss

αναμμένος / σβηστός

offe / zue

ανοιχτός / κλειστός

lislig / luut

χαμηλόφωνος /
μεγαλόφωνος

riich / arm

πλούσιος / φτωχός

richtig / falsch

σωστός / λανθασμένος

rau / glatt

τραχύς / λείος

truurig / glücklich

Λυπημένος / χαρούμενος

churz / lang

κοντός / μακρύς

langsam / schnäll

αργός / γρήγορος

nass / trochä

υγρός / στεγνός

warm / chalt

ζεστός / δροσερός

dr Chrieg / dr Friede

πόλεμος / ειρήνη

0

Null

μηδέν

1

eis

ένα

2

zwei

δύο

3

drü

τρία

4

vier

τέσσερα

5

foif

πέντε

6

sächs

έξι

7

sibe

εφτά

8

acht

οκτώ

9

nün

εννιά

10

zäh

δέκα

11

elf

έντεκα

12

zwölf
....
δώδεκα

13

drizäh
....
δεκατρία

14

vierzäh
....
δεκατέσσερα

15

füfzäh
....
δεκαπέντε

16

sächzäh
....
δεκαέξι

17

siebzäh
....
δεκαεφτά

18

achtzäh
....
δεκαοκτώ

19

nünzäh
....
δεκαεννέα

20

zwänzg
....
είκοσι

100

Hundert
....
εκατό

1.000

Tuusig
....
χίλια

1.000.000

Million
....
εκατομμύριο

Änglisch

Αγγλικά

Amerikanischs Änglisch

Αμερικάνικα Αγγλικά

Chinesisch Mandarin

Μανδαρίνικα Κινέζικα

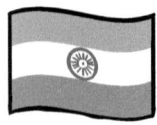

Hindi

Χίντι

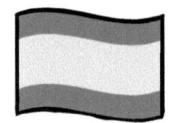

Spanisch

Ισπανικά

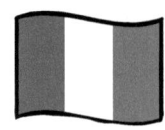

Französisch

Γαλλικά

Arabisch

Αραβικά

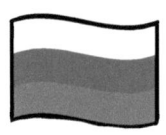

Russisch

Ρώσικα

Portugiesisch

Πορτογαλικά

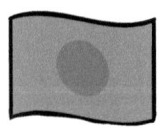

Bengalisch

Μπενγκάλι

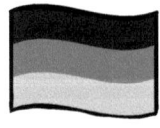

Dütsch

Γερμανικά

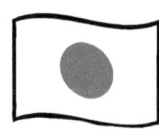

Japanisch

Ιαπωνικά

ich

εγώ

du

εσύ

är / sie / es

αυτός / αυτή / αυτό

mir

εμείς

ihr

εσείς

sie

αυτοί / αυτές / αυτά

wär?

ποιος / ποια / ποιο;

was?

τι;

wie?

πώς;

wo?

πού;

wänn?

πότε;

Name

όνομα

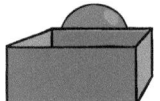

hinder

πίσω

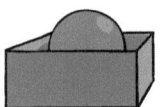

in

μέσα

vor

μπροστά

über

πάνω από

uf

πάνω

under

κάτω

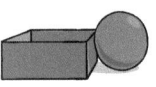

näbe

δίπλα

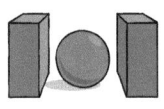

zwüsche

ανάμεσα

dr Ort

μέρος